团体心理辅导活动110例

张碧云 著

在团体中体验
在体验中感悟
在感悟中成长

WUHAN UNIVERSITY PRESS
武汉大学出版社

图书在版编目(CIP)数据

团体心理辅导活动 110 例/张碧云著.—武汉：武汉大学出版社，2021.12(2024.7 重印)
ISBN 978-7-307-22662-3

Ⅰ.团…　Ⅱ.张…　Ⅲ.集体心理学—心理辅导—案例　Ⅳ.C912.2

中国版本图书馆 CIP 数据核字(2021)第 214798 号

责任编辑:郭　静　　责任校对:李孟潇　　版式设计:韩闻锦

出版发行：**武汉大学出版社**　(430072　武昌　珞珈山)
(电子邮箱：cbs22@ whu.edu.cn　网址：www.wdp.com.cn)
印刷:武汉中科兴业印务有限公司
开本:787×1092　1/16　印张:11.75　字数:229 千字　插页:1
版次:2021 年 12 月第 1 版　2024 年 7 月第 6 次印刷
ISBN 978-7-307-22662-3　定价:38.00 元

前　言

团体心理辅导越来越受到社会的认可和肯定。它是在团体情境中进行的一种心理辅导形式，通过团体内人际交互作用，成员在共同的活动中彼此进行交往、相互作用，使成员能通过一系列心理互动的过程，探讨自我，尝试改变行为，学习新的行为方式，改善人际关系，解决生活中的问题。和个体心理咨询相比，它的辐射面更广，同时可以有多人参与，帮助团体成员得到多方反馈，拓展个人思路。随着现代生活节奏的加快，各行各业、各年龄阶段的人都有不同程度的心理压力，不少人存在不同程度的心理困扰和行为问题，因此，社会对心理咨询和心理辅导的需求日渐增加。

目前，我国心理咨询和治疗领域中的专业人员主要集中在医院、学校和一些专业机构中，工作方式以个别辅导为主。专业队伍和辅导方式不足以满足人们对心理健康服务的需求。在这种情况下，开展团体心理辅导惠及的民众更多，团体心理辅导可以在有限的时间内为更多的人提供服务，更好地满足人们对心理帮扶的需要，同时也可以弥补个别辅导的一些不足。

笔者在大学生心理健康、处境不利儿童心理帮扶、关爱计生特殊家庭等工作实践的基础上，积累和总结了多个团体心理辅导活动方案，精选了 110 例活动。针对不同的活动目的，撰写了十个不同主题的活动，分别是："热身破冰类""团队协助类""沟通交往类""竞争合作类""压力管理类""情绪管理类""学习管理类""自我探索类""创新实践类""生命价值类"。每个活动均有明确的活动目的、活动道具、活动场所、活动时间、活动人数、活动程序与规则、注意事项、交流与分享、活动扫描等方面的详细介绍，活动编写注重实操性，力争让普通大众一看活动文稿就能明了活动如何开展。本书可以帮助心理健康教师、中小学班主任、团体活动的组织者在工作过程中开展团队建设、心理辅导等各项活动。

本书撰写过程得到了以下同志的大力支持。咸宁实验外国语学校骆明艳老师协助完成第四章的撰写，我的学生陈洁仪同学协助完成第二章、第三章的撰写，这里一并表示感谢！

本书是湖北省教育厅哲学社会科学研究项目（项目编号：20D092）、湖北省农村教育与文化发展中心课题（项目编号：2018-19JZ13）和湖北省教育厅高校学生工作精品项目（项目编号：2018XGJPX3019）的部分成果。由于写作水平有限，心理辅导经验的局限，书中活动编写难免存在不足，期待活动的开展者不吝赐教、批评指正，提出改进意见。

张碧云

2020年10月

目　录

第一章
热身破冰类

热身类活动，主要用于主题活动之前的暖身，就像我们在跑步之前做压腿等准备活动一样，团体心理辅导开展之前，用一些小活动做心理热身可以提高活动参加者思维的活跃性，创建团队气氛，为主题活动的开展做好准备。作为热身类活动，可以不对活动作交流分享。热身类活动有时也可以单独使用，通过提供给参与成员一些讨论的问题，启发参与成员的思考、交流。当热身活动不作交流分享时，活动时间一般在 10 分钟左右；如果给定问题进行交流分享，根据成员参与的程度不同，所用时间差异可能较大，可以在 15~60 分钟不等。以下活动不分先后，可根据实际情况选用。

活动一　识人传物

【活动目的】

让成员熟悉彼此的姓名或昵称，活跃团体气氛，破除人际藩篱，促进团队互动。

【活动道具】大小适中、易抓握的小布偶，或柔软可发声的动物玩具，如能发声的兔子、小狗之类。

【活动场所】室内室外均可，室内更佳。

【活动时间】15 分钟左右。

【活动人数】适宜 8 人以上，人数多可分组。

【活动程序与规则】

1. 团队活动领导者将所有成员分成每 8~10 人为一组。

2. 各小组成员围成一圈，各自进行自我介绍(如自己的姓名或昵称等)。

3. 本小组所有成员都介绍完之后，团队领导者将布偶或玩具交给其中一位小组成员，拿到道具的成员将其抛给组内任何一位成员，并大声说出：“×××，你好!”

4. 接到道具的成员要大声回应说："谢谢，×××。"然后再把玩具传给下一位成员，并大声说"×××，你好"。

5. 依此类推，直至所有成员都传过一遍，游戏结束。时间允许可以再做一轮。

6. 成员在小组内交流分享，小组派代表到大组中分享，团体领导者总结点评。

【交流分享】

1. 你把布偶或玩具抛给了哪位成员，为什么要抛给他/她？

2. 当你听到其他成员大声说出你的名字或听到对方的感谢时，你的心情怎么样？

3. 通过互抛环节，你记住了几位成员的名字？

4. 这个活动带给你的感受有哪些？

【注意事项】

1. 道具尽量选取柔软、可发声、萌萌的玩具，此类道具可唤起人内心舒服的感觉。条件不具备时也可以用网球或乒乓球等球类代替，但需提醒成员注意，抛物时不可过于用力，以免砸伤他人。

2. 在一轮游戏中，务必使每位成员都有机会传递一次或一次以上。时间允许时可以多做几轮，以增进成员有更多交流。

3. 严格遵守操作规则，每位成员在抛给其他成员之前，必须先对抛给自己道具的成员表示感谢，以增进成员在"谢谢"和"你好"中互动交流。

【活动扫描】

在一个陌生的团体中，成员彼此之间不熟悉，这个活动可以让成员很快记住其他人的名字。如果仅仅采用自我介绍的方式，每个人说出自己的名字和昵称，其他成员往往很难一下子记住。传统的自我介绍效果不太好，成员之间缺乏情感的交流。而在本活动中，成员之间在"你好"和"谢谢"中，投入了情感，增进了友谊。"识人传物"活动结束后，再让成员介绍自己的性格特点、爱好等，成员会显得比较大方和热情。在活动中，大家的注意力都集中在小组成员身上，从一开始只能记住一个人的名字到逐步记住大多数成员的名字。这样的相识自然活泼、轻松快乐，每个人借助道具的抛接被他人认识以及主动认识他人。活动有效地打破了人际藩篱，促进了团队成员的互动。

活动二　抓手指

【活动目的】

调动成员的兴奋性，增加成员的参与程度，训练成员的反应能力。

【活动道具】无。

【活动场所】室内室外均可。

【活动时间】10 分钟左右。

【活动人数】适宜 5 人以上，人数多可分组，也可合成一大组。

【活动程序与规则】

1. 所有成员围成一个圆圈。成员将右手平伸，掌心向下；左手握拳，竖起大拇指，并用大拇指抵住自己左边成员右手的掌心。

2. 全体成员准备好后，团体领导者开始讲故事。当成员听到“三”或者是含有“3”的数字的时候，要迅速用自己的右手抓住右边成员左手的大拇指，同时自己的左手大拇指要迅速地逃开，争取不被自己左边的成员抓住。

3. 注意：只能对汉字“三”或包含数字 3 做出反应，“山、衫、杉、扇”等谐音都不算。

可供选择的故事内容：从前有一座山，山里有一群猴子，有一天它们来到一片香蕉林，一只猴子上树摘了 3 根香蕉，第二只猴子摘了 5 根香蕉(停顿 2 秒)，第 4 只猴子上树摘了 13 根香蕉……不一会，地上就有了三大堆香蕉。一只小猴子跳到一堆香蕉前开始数香蕉：一根、两根、四根、九根、十三根……后来，猴子们决定来分香蕉，一共有多少只猴子？每只猴子可以分多少根香蕉？小猴子挠挠头……原来每只猴子可以分 3 根香蕉……不对，小猴子数错了。那猴子到底有多少只？一只、两只，又一只(此前可做出准备说“3”的口形，然后迅速地改说“又”，引发成员们上当。

4. 团体领导者可以根据需要自编故事，也可以随机邀请某位成员随机来编故事。大拇指也可以变换为食指。左右手的做法也可以互换。

【交流分享】

1. 大家在玩这个活动之前觉得这个游戏难吗？体验了之后有什么感觉？

2. 你觉得这个活动有没有达到其活动目的呢？

3. 当大拇指换成食指，或者左右手互换后，活动过程有什么不一样的感觉？

【注意事项】

提醒成员注意安全问题，在抓握别人的手指时，不可过于用力或使劲掰，以免造成他人手指受伤。

【活动扫描】

在活动开始时，很多成员好奇，很想把任务完成好，结果反而容易出错。一些成员在听到“山”时做出了抓握和逃离的反应，有的成员预期“三”或“3”会出现而提前做出了反应。在游戏中，团体领导者精彩的故事讲述，调动了大家的注意力，同时也吊足了胃口，让成员防不胜防。本活动能很好地调动成员参与活动的积极性，让成员集中注意力到团体中来，同时也可以锻炼大家的左右手协调能力和反应能力。活动现场洋溢着欢声笑语。

活动三　反口令

【活动目的】

活跃团体气氛，接近人与人之间的距离，训练成员的反应能力。

【活动道具】无。

【活动场所】室内室外均可。

【活动时间】5~10 分钟。

【活动人数】不限。

【活动程序与规则】

1. 所有成员围成一个圆圈，团体领导者站于圈中。

2. 游戏分两轮进行。

第一轮：团体领导者说出一个动作指令，所有成员说出相同指令，但同时做出相反动作。（如指令为“向前一步”，成员齐声说“向前一步”，同时向后走一步；指令为“向后转”，成员齐声说“向后转”，同时保持原地不动。）

第二轮：团体领导者说出一个动作指令，所有成员说出相反指令，但同时做出与团队领导者动作指令相同的动作。（如指令为“向前一步”，成员齐声说“向后一步”，同时向前走一步；指令为“向后转”，成员齐声说“向前看”，同时全体成员向后转，背对背。）

3. 有人说错指令、做错动作或身体晃动、犹豫都视为错误，可邀请错误者接受“小奖励”。

【交流分享】

邀请成员分享对活动的感受。

【注意事项】

1. “小奖励”应尊重成员意愿，对不愿意接受的，不勉强。

2. 提醒近期手脚有伤的成员做动作时注意安全，某些动作量力而为。

【活动扫描】

最开始几个口令，因为比较简单，基本上没有人出错。在第二轮中，团体领导者说了一个比较复杂的口令：单脚向前一步。此时，成员一下子都没有反应过来，基本上没有人做对。增加口令的难度，出错的人会增多，大家的笑声也增多。从成员的反馈看，游戏效果不错。这个游戏虽然简单，但效果非常好，人数越多会越有意思。当有人出错的时候，大家哈哈大笑，可以很好地活跃团体气氛。

活动四　大树与松鼠

【活动目的】

促进团队成员互动，活跃团队气氛，启发成员思维，锻炼成员反应能力。

【活动道具】无。

【活动场所】空出中间场地的教室，或者室外空场地。

【活动时间】10 分钟左右。

【活动人数】20 人以上的班级或团队。

【活动程序与规则】

1. 设置观察员 1~2 人，可由近期腿脚有伤或不方便跑动的成员担任。其余成员 3 人为一组，其中两人扮演“大树”，面对面站立，双手互拉组成一个圆圈，剩余一人扮演松鼠，并站在同组队友手拉手围成的圆圈内。

2. 分组后如果有成员落单，则可将其作为临时人员，团体领导者也可作为临时人员。

3. 团体领导者会变换三种不同的口令。根据不同的口令，成员做出的反应不同。

口令一：“猎人来了”。此时扮演“大树”的成员站在原地不动，扮演“松鼠”的人必须离开原来的“大树”，重新选择其他的“大树”，团体领导者或临时人员需要临时扮演松鼠并插到大树当中，落单的人充当下一轮的临时人员。

口令二：“森林着火啦”。此时扮演“大树”的成员必须离开原先的同伴，重新组合成一棵新的“大树”，并圈住另一只“松鼠”。团体领导者或临时人员此时应临时扮演大树。此环节中落单的成员充当下一轮的临时人员。

口令三：“地震啦”。此时扮演“大树”和“松鼠”的人全部打散、移动位置并重新组合，扮演“大树”的成员也可扮演“松鼠”，扮演“松鼠”的成员也可扮演“大树”，裁判或临时队员亦可插入队伍当中。落单的成员充当下一轮的临时人员。

4. 对于每一轮落单的成员，可邀请其表演节目，表演完后再作为临时人员，继续下一轮的游戏。

【交流分享】

1. 如何让自己尽快地加入三人小组，而不成为落单人员？

2. 谈谈你对这个活动的感受。

3. 发现自己落单的那一刻，你有什么感受？

【注意事项】

1. 活动场所要有足够大的空间，不要有障碍物，以利于“松鼠”“大树”搬家，避免磕碰产生安全问题。

2. 本活动适合多人一起开展，人数多，开展效果好。

【活动扫描】

这是一个既紧张又愉快的团体游戏。活动中人人参与其中，个个成员心情舒畅。外界环境的不断变化，导致“大树”和“松鼠”都面临着脱离“群体”的危机，每位成员都要想尽一切办法，归属团体。有的“松鼠”为了占窝，挤走了已经在大树下的松鼠；有的“大树”主动邀约“松鼠”进驻；也有的“松鼠”把窝主动让给其他“松鼠”。每一轮活动开始，场面一度都会出现混乱，但大多数成员很快就能找到属于自己的位置。在活动分享环节，成员以活动过程谈人生适应、谈为人处世，体验深刻，在欢声笑语中收获颇多。

活动五 爱的抱抱

【活动目的】

1. 锻炼成员的反应能力以及敏捷程度。

2. 调动成员的兴奋度，提高成员的参与感，拉近人际距离，使成员之间的关系达到一种融洽的状态。

3. 通过给别人拥抱和鼓励，在轻松愉快的游戏氛围中感受彼此的温暖。

【活动道具】比较欢快的音乐。

【活动场地】空旷的场地。

【活动时间】20 分钟左右。

【活动人数】全体成员，20 人以上更佳，有一定的男女比例。

【活动程序与规则】

1. 团体领导者告诉大家这是一个非常轻松愉快的游戏，让大家在游戏中放松自己，去享受拥抱。

2. 先给所有人一个固定的标价，前几次游戏男成员每人代表五毛，女成员每人代表一块。后几次游戏男女标价互换。

3. 所有成员围成一个圆圈，男女位置顺序打乱，不要出现男性扎堆或女性扎堆的现象。全体成员随着音乐跑动起来。

4. 音乐暂停，团体领导者喊出一个价格，所有成员迅速自由组合抱在一起，男女标价相加的和必须是团体领导者喊的价格。

5. 组合错误的抱团或落单的成员可由抱团成功的小组或团体领导者向他们提出一个小要求或小挑战。

【注意事项】

提醒成员在抱团的过程中注意安全，不可出现强制拉人现象，防止摔倒或因拉扯受伤。

【变式】

可以将成员的标价换成几只手或几条腿，如女性代表一只手三条腿，男性代表三只手一条腿，团体领导者喊出几只手几条腿，所有成员迅速自由组合抱在一起。

【活动扫描】

在第一轮游戏刚开始时，成员彼此都有点拘谨，手足无措，不知道该往哪站。当某位成员开始“抢”人后，缺人的小组便开始四处找人，场面很是活跃。有了第一轮的经验，第二轮大家反应更快，一边保护自己的队友不被抢走，一边派队员出去寻找还需要的同伴，“挠痒痒”“言语劝说”等方式也用上了，活动现场洋溢着欢声笑语，大家玩得热火朝天。“爱的抱抱”拉近了大家的距离，消除了陌生感，大家都很兴奋，活动的参与程度与参与感大大增强。

活动六　蹲跳接力

【活动目的】

1. 考验成员的反应能力，调动成员积极性，让成员的注意力回到团体中来。

2. 增加团队成员的默契感，有助于团队成员关系的建立。

【活动道具】无。

【活动场所】室内室外空旷处即可。

【活动时间】15 分钟左右。

【活动人数】不限，人数 15 人以上更佳。至少可分成 3 组，每组 4 人以上。

【活动程序与规则】

1. 根据人数先将全体成员分组，组数在 3 组以上，最好不超过 6 组。小组成员围成一圈，先给 3 分钟讨论时间自创组名、商讨策略，可用动物、地方、花做组名或取比较难念的名字，如“红龙果组”“乒乓组”“武汉组”等。

2. 随机从一个组开始，如从“武汉组”开始时，“武汉组”全体成员要说“武汉跳(或蹲)，武汉跳(或蹲)，武汉跳(或蹲)完乒乓蹲(或跳)”，接到讯息的“乒乓组”要立刻做出“武汉组”要求的相应动作，并同时齐说“乒乓蹲乒乓蹲，乒乓蹲完红龙果跳(或蹲)”。这样循环接收并完成其他组传递过来的信息，同时把信息传递给下一组直到有小组出错。

3. 当接不上组名、小组成员讲错组名或者做错动作，该小组要接受前一小组临时提出的小挑战，如屁股扭数字、俯卧撑等。

4. 一组接力到另一组时，另一组不可把接力弹回到刚刚那一组。

【交流分享】

1. 你觉得自己小组成员之间默契吗？

2. 游戏过程中有怎样的体验？

3. 你觉得自己反应能力如何？

【注意事项】

1. 组名不建议过长，过长念起来会比较困难。

2. 小组数目不建议过多，4~6 组最佳，组数太多增加记忆难度。

【活动变式】

每组可随便更改动作，不限于蹲或跳，也可以是吹、跪、弹等。可以在活动开始前的小组商讨环节小组讨论决定。

【活动扫描】

活动刚开始的时候，小组成员都绞尽脑汁地想办法取名字，希望名字自己组念起来方便，同时其他组念时又容易出错，不少组起了别有特色的名字。在活动过程中，每个小组都在认真听着别人的指令，同时还在思考给其他组下什么指令。尽管各组都想齐心协力不出错，但在实际活动中发现不出错似乎是一件比较困难的事情。此次活动让成员认识到生活中的团队合作，光有一致的团队目标还不够，还需要团队成员遇事充分讨论沟通，推举一个好领导，全体成员都互相扶持，相互合作。所有成员齐心协力，才能形成一个好的团体，才能一起做好每一件事。

活动七　进化演义

【活动目的】

活跃团队气氛，在活动中体悟人生，体验快乐与挫折。

【活动道具】无。

【活动场所】空出中间场地的教室，或者室外空场地。

【活动时间】15 分钟左右。

【活动人数】人数较多比较有趣，至少是 20 人以上的班级或团队。

【活动程序与规则】

1. 团体领导者将活动场地划分为大小不等的四个区域，分别供“鸡蛋”“小鸡”“猩猩”和人类聚集和进化使用。其中“鸡蛋”和人类的区域可以略大于“小鸡”“猩猩”的区域。

2. 团体领导者告知成员“石头・剪刀・布”的游戏规则。

3. 团体领导者宣读规则：活动开始时，每个人都保持“鸡蛋”(蹲下、双手抱头)的状态，在团体中找到另一个“鸡蛋”并和他玩“石头・剪刀・布”，赢的一方升级为高一级的“小鸡”(半蹲，手臂微张置于腰两旁，像翅膀一样)，走进“小鸡”区域。输的一方继续待在“鸡蛋”区域，保持蹲下、双手抱头的样子，找另一只“鸡蛋”猜拳。

4. “小鸡”找另一只“小鸡”猜拳，赢者升级为“猩猩”，进入“猩猩”区域，做大猩猩状(站立，模仿猩猩捶胸的动作)。输者退回到“鸡蛋”状态，重新从“鸡蛋”开始进化。

5. “猩猩”与“猩猩”玩“石头・剪刀・布”。赢者升级为人类，进入人类区域，做人的相应动作(站立，两臂交叉，自鸣得意的样子)，观看其他动物猜拳。输者退回到“鸡蛋”状态，从“鸡蛋”开始进化。

6. 活动的目标是成“人”。

7. 活动进行到剩下的人无法进化时结束，如只剩单个“蛋”、单只“小鸡”或“大猩猩”。

【交流分享】

1. 每人用一句话谈谈参与游戏的感受。

2. 当你还是一个“鸡蛋”的时候，有人已经进化为人类了，此时的你有什么感觉？

3. 很快成为人的感觉如何？

4. 最后仍没“成人”的成员有什么感受？

5. 对快乐有什么发现？

6. 活动的过程和生活有什么联系吗？这个活动让你想到些什么？

7. 这种进化的规则在现实生活中是否存在？

8. 通过这个活动，你对生活有什么感悟？

【注意事项】

1. 参与成员应穿适宜运动的裤装、平底鞋。

2. 团体领导者可以和成员一起玩“石头·剪刀·布”，享受活动的乐趣。

3. 当参与活动的人很多时，进化环节可以限时，不一定要进行到剩下的人无法进化，可以剩下一些成员没有完成进化。

4. 给予成员充分的分享时间，了解不同的感受，可比较最早成功和最后都没成功的人感受的不同。

【活动变式】

变式一：在不同进化类别之间允许进行“石头·剪刀·布”的游戏，输者仍然退回到“鸡蛋”状态，最后全场只剩下一个“鸡蛋”，其余均进化为人。

变式二：猜拳输的成员，降级可以只降一级，不退回到“鸡蛋”状态。实施这种规则，个别猜拳输得多的成员挫败感要稍好些，但感悟的效果也差一些，与现实的联系不如原来的设计贴切。

变式三：允许“成人”后继续游戏，与另一“成人”猜拳。如果输了，同样退回到“鸡蛋”开始。

变式四：邀请成员设计自己的进化状态和动作，增强成员的参与感和创新意识。

【活动扫描】

“石头·剪刀·布”是一个传统的小游戏，几乎三四岁以上的孩子都会玩。本活动对传统游戏赋予新的内容和意义，让成员在游戏中感受乐趣，体悟人生。活动告诉我们：除了可以追求结果以外，更重要的是享受过程。快乐有时很简单。

活动八　雨点变奏曲

【活动目的】

活跃团队气氛，锻炼成员反应能力，集中成员注意力。

【活动道具】无。

【活动场所】室内。

【活动时间】5~10 分钟。

【活动人数】不限，可适用于大型演讲式课堂。

【活动程序与规则】

1. 第一步：团体成员利用自己身体任何部分的碰撞发出两种以上的声音(如击掌、打响指、啧啧声等，此时声音通常比较杂)。

2. 第二步：团体成员用自己最擅长的方式发出声音(此时各种声音会汇合成几个主流的声音)。

3. 第三步：团体领导者引导成员听到不同的信息时做不同的动作：

“小雨”——搓手

“中雨”——两手轮拍大腿

“大雨”——用力鼓掌

“暴雨”——跺脚

4. 团体领导者发布天气预报，预报内容团体领导者可以自编。示例如下：

“星期天的下午，难得有时间我和朋友们一起出去玩，好开心啊！突然，一道闪电划破天空，我暗叫“不好”，要下雨了！果然，不出五分钟，小雨淅淅沥沥地下起来了。我和朋友们赶紧往回赶。很快，小雨变成了中雨，伴随着轰隆隆的雷声，雨点越来越大，变成了大雨……又一道闪电划过，雷声伴随而来，狂风大作，暴雨来了！路上行人赶紧就近找房屋避雨。大雨倾盆而下，冲刷着空气中的灰尘。慢慢地，雨点变小了，变成了中雨，中雨又慢慢变成了小雨……一会，雨点又密集起来，大雨又来了！半个小时后，雨停了，雨过天晴啦！

【交流分享】

谈谈你对这个活动的感受。

【注意事项】

1. 可随机邀请成员来做团体领导者，自编故事，发布天气预报。

2. 对于低龄段的小朋友或老人，领导者可以给成员做动作示范，以起到提示和带动作用。

3. 发布天气预报时，语言要有感染力。

【活动扫描】

此活动人气指数颇高，可让成员有创意地表达自己，迅速集中成员注意力。在班级中使用，可起到调动情绪、鼓舞士气的作用。

活动九　马兰花开

【活动目的】

促进团队成员互动，活跃团队气氛，消除拘谨，增进团队归属感。

【活动道具】无。

【活动场所】室内或室外空场地。

【活动时间】10 分钟左右。

【活动人数】20 人以上的班级或团队。

【活动程序与规则】

1. 所有成员自由站立在场地内。

2. 团体领导者随机先喊“马兰花开，马兰花开”，成员接着喊“开几瓣”，老师回应“开×瓣”(这里的×表示小于成员数的任意数目)。

3. 成员听到数字后，要尽快作出相应动作：“一瓣”(每个人双臂交叉放于胸前)，两瓣或两瓣以上则以相应人数手拉手围成一圈。

4. 团体领导者可以邀请出错或落单的成员表演节目。

5. 可根据成员间的熟悉程度，将手拉手围成圈改为抱成一团。

【交流分享】

1. 体会你成功进入圈内那一刻的感受。

2. 分享自己落单在圈外那一刻的感受。

【注意事项】

1. 活动场所要有足够大的空间，不要有障碍物，以利于成员们跑动。

2. 建议成员穿适宜运动的鞋子。

【活动扫描】

这是一个简单、活泼的活动，既能让大家在活动中动起来，又通过肢体接触拉近彼此心理上的距离，有助于成员体会团体归属感的意义。

活动十 大风小风吹

【活动目的】

1. 打乱成员原来的位置次序，将熟悉的成员分开。

2. 促进成员间的互动，了解更多不熟悉的人。

3. 营造轻松愉悦的氛围，锻炼成员的反应能力。

【活动道具】无。

【活动场所】不限。

【活动时间】10~20 分钟。

【活动人数】20 人以上的班级或团队。

【活动程序与规则】

1. 所有成员围坐成一圈。

2. 团体领导者喊"大风吹"时，成员要问"吹什么"，团体领导者回答："吹×××的人"（团体领导者回答的内容是在场成员所具有的一些共同特点，如"吹戴眼镜的人"）。符合×××条件的人要立刻离开自己的座位，在场地中找另一个新的座位坐下。最后一个坐下的成员要回答团体领导者或班级成员提出的一个私人问题。

3. 坐下来的成员要随机选左右手的成员彼此介绍自己，组成二人或三人小组，介绍内容包括自己的姓名、兴趣爱好。时限：每人 1 分钟。

4. 团体领导者接着喊"小风吹"，成员问"吹什么"，团体领导者回答："吹×××的人"。此时，符合×××条件的成员坐在座位上不动，所有不符合条件的成员要马上离开自己的座位，在场地中找另一个新的座位坐下。最后一个坐下的成员要回答团体领导者或班级成员提出的一个私人问题。

5. 重复步骤3。

6. 团体领导者改变×××的内容，重复以上步骤，以达到打乱成员彼此的位置、促进成员与不熟悉的成员交流的目的。

【交流分享】

谈谈你对这个活动的感受。

【注意事项】

1. 活动开始前提醒成员注意安全问题，避免在跑动的过程中受伤。

2. 团体领导者或班级成员提出的私人问题要尽量避免导致回答者尴尬或难堪。

【活动扫描】

这是一个非常实用的热身小活动，可以促进场内成员由静到动，增进成员之间的交流，达到重新组合人员的目的。

活动十一　几个人来的

【活动目的】

集中成员的注意力，活跃气氛，锻炼成员的反应能力。

【活动道具】无

【活动场所】室外室内较平坦的空场地。

【活动时间】15分钟左右。

【活动人数】15人以上的团体。

【活动程序与规则】

1. 团体领导者告诉大家这是一项需要迅速做出反应的活动，请大家集中注意力，按公布的游戏规则完成。

2. 所有成员围成一个大圆圈，团体领导者随机规定从圆圈中的一位成员开始，并规定后续游戏进行的方向(顺时针或逆时针)。

3. 当团体领导者喊“几个人来的?”之后，开始的那位成员迅速蹲下并喊出“1个人来的”，然后立刻站起；紧接着这位成员旁边的两位成员(顺时针或逆时针)要迅速蹲下并同时喊出“2个人来的”，然后起立；接着这两位成员后面的3位成员要迅速蹲下并同时喊出“3个人来的”并起立，以此类推直到6位成员蹲下并同时喊“6个人来的”并起立

（6为喊的数字的上限）；然后下一位成员蹲下并喊出“1个人来的”，循环类推。

4. 活动过程中反应迟钝或出错的成员，可以让其接受其他成员提出来的小挑战，比如青蛙跳或俯卧撑10下，然后活动再从该成员处开始下一轮。

【交流分享】

1. 活动开始前你觉得这个任务容易吗？

2. 活动练习阶段你看到了什么？有什么发现？

3. 你的所想和所做一致吗？

【注意事项】

1. 成员着装要便于下蹲，注意安全。

2. 活动开始之前可安排试玩时间。在活动过程中，可以向成员说明这个任务难度较大，按要求做，完不成是正常的。

【活动变式】

可将喊的数字顺序由123456123456变换成123456654321。

【活动扫描】

活动开始前大家对活动有些许的陌生与期待，当团体领导者组织成员准备开始热身体验的时候，成员都以为这是个很简单不会出错的游戏。但当开始之后，随着喊的数字越来越大以及离自己越来越近，自己就会比较紧张。游戏过程中要高度集中注意力，关注自己身边人数的变化。错误很容易发生，一轮游戏玩下来不出错的很少，当自己旁边的成员蹲下去时自己也会不由自主地蹲下来，因此在游戏过程中，不仅要集中注意力，而且要快速反应自己在本轮中是“几个人来的”。活动现场氛围很欢快，没有出现安全问题。

活动十二　芜湖起飞

【活动目的】

1. 锻炼成员的反应能力，集中注意力到团体中来。

2. 营造轻松和谐的气氛，让大家感受互相扶持的力量。

【活动道具】无。

【活动场所】适合在空旷室内进行。

【活动时间】20分钟左右。

【活动人数】视情况而定，可以围成一个圈或排成几排。

【活动程序与规则】

参与者排成一排，或者围一个圆圈，然后相邻两个人挽住双手，当参与者在不同环节(正指令环节和反指令环节)听到指令时，按游戏要求回应相同或相反的指令动作，做出正确的动作指令则游戏继续，做出错误的指令则进行“真心话大冒险”此类的小惩罚。

活动分两轮：

第一轮，正指令。即参与者的动作与指令相对应。指令发出后最好一组词语接着一组词语来进行，从“起飞降落”“俯冲上升”到“侧滑转舵”，每个词语都要过一遍，然后可以随机打乱词语，并且速度越来越快。

(指令变式指导语：飞机现在起飞，请大家注意：现在飞机正在摇晃，正在上升(停一会)，飞机继续飞行，不好啦，成员们，我们遇到了风暴，请系好安全带，飞机要侧滑啦(慢)，我们需要俯冲(慢)穿过风暴，由于天气原因，我们不能到达目的地了，只能转舵(慢)返航了，现在要降落(慢)了，我们都安全回航。)

游戏指令(正向)：

起飞：向上跳一下

降落：蹲一下起来

俯冲：脚不动，上半身往前呈鞠躬状

上升：脚不动，上半身往后呈下腰状

侧滑：脚不动，上半身朝左侧弯

转舵：脚不动，上半身朝右侧弯

第二轮，反指令。即参与者的动作与指令相反。反指令环节可以循序渐进地进行，先由单个词语开始，让参与者熟悉相反的思维，然后领导者再叠加词语，逐渐加快速度，达到游戏效果。

游戏指令(反向)：

起飞：蹲一下起来

降落：向上跳一下

俯冲：脚不动，上半身往后呈下腰状

上升：脚不动，上半身往前呈鞠躬状

侧滑：脚不动，上半身朝右侧弯

转舵：脚不动，上半身朝左侧弯

【交流分享】

1. 大家在玩这个游戏之前觉得游戏难吗？真正体验过后有什么感觉？

2. 游戏结束后，大家是否更加放松？现场气氛是否更融洽？

3. 指令由单个词语变成多个词语，速度加快时，大家感受如何？

【注意事项】

1. 有腰伤及关节问题的成员，可以安排他们观察指令做错的人或者协助领导者一起发出指令任务，以增加他们活动的参与感。

2. 若场地不够大，可以分小组进行。

3. 领导者要保证活动有序、有效地进行，时刻调动现场气氛。

4. 在指令速度增快时，要注意参与者的现场状况，不能过快，以免扭伤。

5. 领导者发出指令的间隔，可以播放音乐，正式发出指令时暂停音乐，调动气氛。

6. 如果参与成员年龄较小，难以记住指令，团体领导者可以适当减少或更改指令，让指令变得更简单。

【活动变式】

1. 挽手的动作可以改为交叉扶腰，也可改为搭肩。

2. 可以增加难度，“侧滑”与“转舵”可以让参与者坐到旁边小伙伴的腿上。

【活动扫描】

团体领导者讲解完活动规则后，随机挑选几名成员示范指令，一部分成员一开始对指令并不能很好地记忆。领导者考虑是否要更换较简易的指令，如把侧滑转舵，变为左侧滑，右侧滑。但在接下来的游戏中，成员（大学生）对指令的适应良好，不需要更改。成员在游戏中，一方面因为身体上接触，对身边人有一定了解，一方面因为做错指令被罚，拉近一些人与人的关系。在参与活动的过程中，可能由于此次活动的成员互相之间较为熟悉，没有太强的防御，因此没有发生因为不愿意接触别人而不参与的情况，但该活动在陌生团体中也要思考发生此类情况怎样解决，如：领导者对于个别成员对男女之间防御过强的，可让成员自选舒服的位置加入，鼓励其参与。

活动十三　十巧运动

【活动目的】

热身，消除疲劳，舒缓压力。

【活动道具】无。

【活动场所】不限。

【活动时间】10 分钟左右。

【活动人数】不限。

【活动程序与规则】

团体领导者带领大家一起做手部操。

第一节：双手前伸，掌心向下，大拇指收起来，食指侧面互相击打 36 次。

第二节：双手前伸，掌心向上，五指并拢，小指侧面相互击打 36 次。

第三节：双手掌心向上，掌心相对微曲成莲花状，两手腕互相击打 36 次。

第四节：双手掌心向下，大拇指与食指展开成 90°，双手虎口交叉互击 36 次。

第五节：双手掌五指张开，掌心相对，两手手指交叉互击 36 次。

第六节：右手拇指与食指自然呈一定角度，其余四指并拢，掌心向左，左手握拳击打右手掌心 36 次。

第七节：左手拇指与食指自然呈一定角度，其余四指并拢，掌心向右，右手握拳击打左手掌心 36 次。

第八节：左手掌心向下，右手掌心向上，两手背相对，上下击打 36 次。

第九节：左右手大拇指、食指分别揪住左右耳垂，向下拽 36 次。

第十节：左右手掌心紧贴，用力干搓，发热后双手贴住面部，掌心轻按在双眼处，眼球从左到右转 6 次；再次搓热双手，覆盖在眼部，眼球从右到左转 6 次。如此反复 3 次。

示范图片见下图：

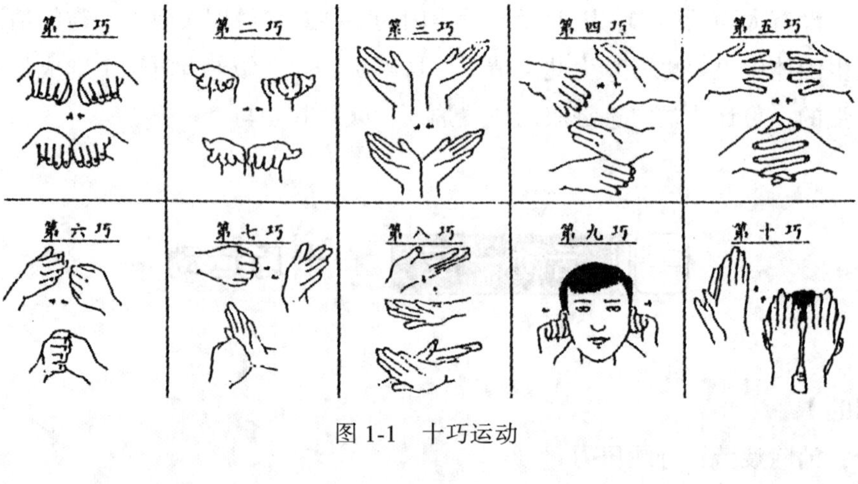

图 1-1　十巧运动

【交流分享】

谈谈做这套手部操时自己的身体感觉。

【活动扫描】

手是人体非常重要的组成部分，手部含有很多重要的穴位。通过手部的运动，可以很好地刺激相应穴位，达到强身健体的功效。手部操的每一节，分别刺激着不同的穴位，可以达到不同的养生效果。比如第一巧，食指侧面相击，击打大肠经、合谷穴，可达到预防及治疗面部疾病，如视力下降、鼻炎、口齿或头部疼痛，还可预防感冒等；第二巧，五指并拢小指面相击，可击打小肠经、后溪穴，可治疗头痛、头部肌肉紧张僵硬，放松颈部肌肉群及预防骨刺、骨头退化。其他每一"巧"都有不同的功效，这里不一一枚举，感兴趣的读者可以到网上找到相关信息。十巧运动完成后，成员大多数会有浑身发热、全身舒畅的感觉。该活动是一个老少皆宜、方便开展、健康益体的活动。

活动十四　哼哈请接招

【活动目的】

温暖团体，活跃团体气氛，增加团体成员的熟悉度和亲密感，让成员注意力回到团体中来。

【活动道具】无。

【活动场所】室内或室外空场地均可。

【活动时间】15 分钟左右。

【活动人数】不限，人数多可分组。

【活动程序与规则】

1. 团体领导者根据参加活动的总人数将成员分成 6~10 人的小组。

2. 请每个人设计一个用一拍可以做出来的动作作为自己的标志性动作。团体领导者可给出一个动作示范。要求每个人动作要有区分度，小组内每个人动作都不相同。

3. 小组成员围坐成圈，在小组内部依次展示自己的标志性动作。每位组员除记住自己的动作外，要努力记住组内至少一个成员的动作。

4. 每位成员配上"哼哼哈"的口令，在口中发出"哼""哼"的声音时，左右手掌向下同时各拍左右大腿两次，每一个"哼"拍一次大腿。口中发出"哈"的声音时，同时做出自己的标志性动作。每位组员在小组里语言和动作配合展示一次。

5. 接下来游戏开始。小组成员一起喊“哼哼哈”。在第一遍喊“哼哼哈”时，组员左右手掌同时拍左右大腿，一个字一拍，拍3下；第二遍喊“哼哼哈”时，其中一个组员A（可事先商定有谁先开始，或用黑白配决定）在“哼哼”的时候拍大腿，在“哈”的时候做出自己的标志性动作，其余组员仍旧拍大腿3次，一字一拍；第三遍“哼哼哈”时，全体组员按照第一遍的做法来做；第四遍“哼哼哈”时，组员A在“哼哼”时仍拍两次大腿，“哈”的时候做出组内某一位成员的动作，即发出“接招邀请”，其余组员依然是拍3次大腿。

6. 接下来由接到邀请的成员接招。接到招的成员做两遍“哼哼哈”，第一遍同步骤5中的第二遍，第二遍同步骤5中的第四遍。也就是说永远只有一个人在做自己或别人的标志性动作。第一遍做自己的动作，第二遍做其中一个组员的动作。“哼哼哈，哼哼哈”第二遍做谁的动作，那么就由谁来接招。没轮到做标志性动作的成员直接双手拍大腿，一起喊“哼哼哈”。

7. 要求小组内所有成员都轮流展示自己的动作和别人的动作。通过练习，不断提高“哼哼哈”的速度。

8. 各小组在大组内展示本小组的动作。

【交流分享】

1. 你记住了全体组员的标志性动作了吗？记住了几个？是如何记住他们的动作的？

2. 谈谈你对这个活动的感受。

3. 你收到了几次接招邀请？当被要求接招时，你有什么感觉？

【注意事项】

1. 强调成员要严格遵照活动流程，不能光做动作，不喊“哼哼哈”的口号。

2. 如果做动作时有人出错，可由出错的成员接着步骤6继续。

【活动扫描】

这个活动能很好地温暖团体，使团体凝聚力在共同的活动任务中得到提升。

活动十五 你拍拍，我拍拍

【活动目的】

活跃团队气氛，帮助团队成员形成亲密感，感受被他人关照的感觉。舒缓疲劳，舒筋活血，把注意力集中到团体中来。

【活动道具】轻柔的乐曲一首。

【活动场所】室内室外均可。

【活动时间】5 分钟。

【活动人数】不限。

【活动程序与规则】

1. 全体成员围成一圈站立，每个人都将双手搭在前方成员的肩膀上。

2. 随着音乐响起，每位成员用合适的力道拍打或捏揉前方成员的肩膀和背部，尽可能地让其放松和舒服。

3. 约一两分钟后，全体成员在领导者的指示下一起向后转，双手搭在前方成员肩上，为前方成员按摩敲打约两分钟。

4. 在按摩敲打的过程中，全体成员禁言；按摩活动结束后，可以给成员提供反馈和表达感谢。

【交流分享】

1. 在成员给你按摩的过程中，你有什么感觉？

2. 谈谈你对这个活动的感受。

3. 这个活动对我们的人际交往有哪些启示？

【注意事项】

1. 在青春期的学生中，异性之间如果比较拘谨，可以允许学生适当调整在圈内的位置，同性别的学生尽量安排在一起。

2. 提醒成员把握好按摩的力度，不要故意弄疼了他人。如果某成员在活动中感到被他人故意捉弄，可以在下轮按摩敲打中“还”回去。

3. 团体领导者可以加入活动中来，和大家一起做。

【活动扫描】

看似一个很简单的活动，往往可以给成员们带来非常美好的感受。伴随着舒缓的音乐，成员们在相互按摩的过程中，感受团体的温暖与亲密，达到了身心放松的效果，有助于接下来团体活动的开展。

活动十六　拍手接力赛

【活动目的】

温暖团体，增加成员的联结感，使成员的注意力回到团体中来。

【活动道具】无。

【活动场所】室内或室外空场地均可。

【活动时间】10~20 分钟。

【活动人数】不限，人数多可分为 6~10 人一组。

【活动程序与规则】

团体领导者可以根据当天活动的主题事先拟定一个拍手接力词。如自我探索、快乐相处、情绪管理、交往有术等。下面以主题“自我探索”为例：

1. 小组成员围坐在一起。开始的时候大家一起说“自，我，探，索”，每说一个字的同时双手拍一次手掌，此时说的语速较慢，一拍一个字。第二遍和第三遍还是小组成员一起说“自我，探索”，此时一拍两个字。即前三遍为：自，我，探，索。自我，探索。自我，探索，一共拍 8 次手。

2. 第四遍开始，小组成员每个人一次轮流说一个字。假设从某个成员开始。他说“自”，逆时针挨着他的成员说“我”，依次接下来的第三个成员说“探”，第四个成员说“索”。此时每个人还只是说一个字。第五遍的时候，要多加一个字，即：自，自，我，探，索。第六遍的时候，再多加一个字，即：自，自，自，我，探，索。每位成员在轮到自己说时边拍手边说。以此往下类推，看看小组最多可以说到几个“自”字不出错。如果出错，则从第一遍重新开始。

3. 给每个小组自行体验的时间，5 分钟后，邀请各小组在大组中进行展示。

【活动扫描】

这个活动初听起来有一点点绕，但是给小组成员一段适应期后，小组都能完成得很好。活动最关键的是成员间的配合。这是一个需要高度集中注意力的活动，如果小组中一个人注意力分散了，走神了，活动就会出错需要重新开始。如果小组成员高度集中注意力，有的小组做完这个练习时，一口气可以说到七个“自”。这个活动适用性很强，可以根据主题来做。比如，团体领导者如果带领一个生涯规划的团体，那么这个活动就可以改为：生，涯，规，划。活动的要领：第一遍，第二遍，第三遍时小组成员一起说，第四遍开始，每一人说一个字。每增加一遍，把第一个字多说一遍。团体领导者可以强调小组完成多少遍不是目标，而是通过这样的活动让大家彼此连接在一起。拍手可以刺激生理反射区，很好地调动全体成员的兴奋度，增加成员的联结感，使成员的注意力回到团体中来。

活动十七　表达性连环自我介绍

【活动目的】

让成员尽快相识，增进团体成员的互动，引发团体凝聚力的形成。

【活动道具】无。

【活动场所】室内或室外空场地均可。

【活动时间】10~20 分钟。

【活动人数】不限，人数多可分组。

【活动程序与规则】

1. 团体领导者根据参加活动的总人数将成员分成 8~12 人的小组。

2. 小组成员围坐成一圈。用黑白配(手心手背)的方式决定出最先做自我介绍，其余成员按顺时针或逆时针的方式依次介绍。

3. 每位成员在介绍自己名字的时候，同时做一个能代表自己名字的标志性动作。自我介绍的表达统一为：大家好，我是×××。在说出自己名字的同时，做出自己的标志性动作。

4. 第一位组员介绍完后，全组成员要齐声重复他的名字，做他的动作。紧接着第二名组员介绍完后，全体组员要从第一位组员的名字和动作开始，把小组成员的名字和动作串起来，此时应齐声喊：张三(他的动作)、李四(他的动作)。以此类推，直到最后一个组员时把小组所有人的名字和动作串起来。

5. 小组成员对全组的名字和动作熟练后，团体领导者请小组全体成员到大组中进行展示。

【交流分享】

谈谈你对这个活动的感受。

【注意事项】

强调每个成员的标志性动作要有区分度。

【活动扫描】

这是一个富有创意的活动。成员们以前往往没想过自己的名字可以用什么样的动作来表达。此活动让大家通过语言和非语言来记住和认识别人的名字。有的成员名字是两个字，他用了连接在一起的两个富有创意的动作。大多数小组在展示活动中都非常积极，主动要求先表演。洪亮的名字、整齐创意的动作、欢乐的掌声与笑声在团体中回荡，团体凝聚力初步形成！

活动十八 十面埋伏

【活动目的】

1. 调动团队气氛，拉近成员之间的距离。

2. 使成员们通过游戏打破人际藩篱，增强团队成员之间的相互了解。

【活动道具】音响一个。

【活动场所】室外较为平坦空旷的场地。

【活动时间】10 分钟左右。

【活动人数】不限，若人数较多可分为 18 人一组，方便游戏进行。

【活动程序与规则】

1. 团体领导者按人数将成员分成 18 人一组的团队，其中十六人站成 4×4 的矩阵，人与人之间前后左右间隔一米。各组内剩余的两名成员一人扮演“捕头”，一人扮演“刺客”，两人站在由十六人布成的 4×4 矩阵内。

2. 在轻快的音乐中，游戏正式开始。矩阵中十六人将双手平举成一字形（即人呈十字形），横列中相邻两人的手指可相互触碰或保持非常近的距离。“捕头”与“刺客”站在不同横列的人形矩阵内，由团体领导者随机发布指令“向右转”或“向左转”，矩阵中十六人根据指令进行转动，手的姿势不变，转动后仍然保持相邻两人的手指间相互触碰或较近距离。“捕头”与“刺客”在矩阵中进行移动，“捕头”需要想办法抓住“刺客”，但不能穿越十六人矩阵的手势拦成的“墙”。在矩阵进行转动时，“捕头”与“刺客”需要进行快速的穿越，达到抓捕或逃脱的目的。

3. “捕头”与“刺客”只能在矩阵内穿越，不可绕到矩阵外面去，穿越时不能弯腰或下蹲钻行。

4. “捕头”抓住“刺客”算作游戏结束，团队成员可以轮流饰演“捕头”与“刺客”，感受游戏，体验团队氛围与快乐。

【交流分享】

1. 活动进行中，十六人矩阵在拦住“捕头”与“刺客”的道路时，你内心有什么感受？

2. “捕头”看到“刺客”与自己只差一堵人墙时内心的感受？

3. “刺客”看到“捕头”与自己只差一堵人墙时内心的感受？

4. 你们团队整体配合如何？你是否感觉和成员们关系更紧密了？

5. 对于这个活动，你还有其他不一样的感受吗？

【注意事项】

1. 矩阵十六人需要保持相邻两人的手指间恰当的距离，确保在未移动的状态下捕头与刺客不能自由穿行。

2. 领导者强调矩阵十六人的转动速度需要一致，以免被“捕头”或“刺客”撞倒。

【活动扫描】

本活动比较新颖，更能调动团队成员的积极性。团队成员在游戏时，通过刺激的抓捕环节与十六人矩阵间的互动，成员们可以很好地进入状态，感受到团队的氛围，体会归属感，本游戏可以在短时间内拉近团队成员间的距离。

在游戏中，“捕头”的追捕与“刺客”的逃亡是游戏的重点，所以游戏中每位成员都有体验“捕头”与“刺客”的机会，从而使每位成员都在游戏中拥有较好的体验感，这也是在潜移默化地培养成员们的团队意识与集体概念。在活动过程中，各组成员都十分团结，气氛十分高涨，所以，本活动用于热身破冰是十分合适的。

活动十九 火车快跑

【活动目的】

1. 拉近成员彼此的距离，形成良好的群体氛围。

2. 打破人际藩篱，增强成员们的集体意识与大局观念。

【活动道具】椅子若干、音响一个。

【活动场所】室外较为平坦空旷的场地。

【活动时间】10 分钟左右。

【活动人数】不限，保持在 40 人以内。

【活动程序与规则】

1. 团体领导者带领成员到达平坦空旷的场地，引导成员随机排列站好，整体呈正方形矩阵，前后左右的成员均需距离至少 1 米。

2. 领导者随机在矩阵内部放置椅子若干(为游戏增加难度)。

3. 领导者播放轻快的音乐，游戏正式开始。领导者随机选取一名成员作为出发的人，出发的成员需要在矩阵中随机找到第二名成员，站在他的背后，将双手搭在他的肩上，此时第二名成员开始带领第一名成员出发，在矩阵中随机寻找下一位成员。以此规律进行下去，不断更新在前面带头移动的成员。整个队伍像一列不断前进的火车。

4. 在队伍越来越长的过程中，成员们需要注意不能撞到矩阵中的椅子，如果撞到，从撞到椅子的这个人开始往后的所有人，都要解散并随机站立，等待再次被连接。同时，如果在快速移动的过程中，某个成员手从前面成员肩上脱落，则脱落成员后面队伍的人员，也需要解散并随机站立，等待再次被连接。最后，如果所有成员均在一条队伍上，算作完成游戏。

5. 成员在活动过程中要保持快节奏，不能步行前进。

【交流分享】

1. 活动进行时，当有成员选择搭在你的肩上时，当时的你有什么感受?

2. 你们在碰到椅子导致后方解散、重新站立时，有什么感受?

3. 后面的成员如果解散了，需要等待你们重新把这趟前行的火车连起来时，你们感觉如何?

4. 对于这个活动，你还有其他不一样的感受吗?

【注意事项】

建议穿平跟鞋，跑动过程中注意安全，避免摔倒。

【活动扫描】

本活动通过适宜的肢体接触与欢快的游戏氛围，使成员们迅速进入状态，感受到团队的凝聚力，找到归属感，本游戏不失为打破人际藩篱的好方法之一。

在游戏中，成员被其他成员选择连接时，心里的激动与喜悦能够很好地促进他迅速融入本游戏；由他带领后面的成员前进，他同时也具备了一定的责任感，这更是潜移默化地增强了成员们的团队意识与集体概念。在活动过程中，成员们十分团结，即使有成员们因为撞到椅子而被迫解散重新等待被连接，其他成员也没有埋怨，而是有条不紊地去一个个接力。活动有助于各个成员间打破距离感，增强团队凝聚力。

活动二十　不倒的森林

【活动目的】

1. 调动整体气氛，增加团队成员间的亲密感。

2. 将团队成员联结起来，有助于后续游戏活动的开展。

【活动道具】1. 2米的塑料杆或细棍若干。

【活动场所】室外较空旷平坦的场地。

【活动时间】10分钟左右。

【活动人数】根据人数进行分组，每组人数需统一，8~12人较为合适。

【活动程序与规则】

1. 团体领导者为每位成员分发一根塑料杆或细棍。

2. 小组成员面对面围成一个圆圈。每个成员右手的掌心抵住塑料杆或细棍的上端，使塑料杆或细棍立于地面上。在保持塑料杆或细棍不倒地的情况下，按照顺时针或逆时针方向，每个团队成员迅速走到前一个成员的位置，用手抵住身旁的塑料杆（即前一个成员之前的塑料杆）。按此规则，全小组成员继续前进，直到小组完成转动两圈回到原有的起点为止。

3. 小组成员在移动的过程中，塑料杆或细棍不能落地，否则活动需要整个团队重新开始。

【交流分享】

1. 在活动开始前，你们组内是否共同商讨了策略？在此过程中你们团队的亲密感是否有增加？

2. 在活动进行时，你们组内的联结是否紧密？

3. 这个活动是否让你们消除了彼此之间的隔阂？

【注意事项】

1. 各组围成的圆圈需要足够大，用以前后交接。

2. 如果有多组同时进行活动，需要选择操场等大场地，以保证足够大的活动空间。

3. 领导者介绍完游戏规则后，可为各个小组预留适当的熟悉规则、交流讨论、模拟练习时间。

【活动扫描】

活动正式开始前，团队成员间还有些陌生，直到各成员开始讨论游戏策略时，团队间的氛围开始有了变化，更加热络紧密了。成员们商讨策略之后开始试玩游戏，彼此的距离感进一步拉近，亲密感增强。

活动正式开始后，即使有部分成员的塑料杆落地了，大家也能相互鼓励，这大大增强了团队成员的自信心，同时团体凝聚力也在增强。本活动在调动整体气氛，增加团队成员间的亲密感方面，有突出的效果。总而言之，本活动能够将团队成员联结起来，打破人际藩篱，非常有助于后续活动的开展。

图 1-2　不倒的森林

第二章

团队协作类

团队协作类活动，需要团体各成员齐心协力为达成某一目标而共同努力。一个优秀的团体可以将成员之间牢牢吸住，防止其脱离团体，增强团体活动的效果。组建一个优秀的团队并非易事，可以通过专门的训练来使团体具有良好的协作意识和强大的凝聚力。团队协作类活动就是很好的训练方式，团体成员可以通过妙趣横生的游戏活动体验到团队独有的力量和精神，意识到自己是团队中的一员，会逐渐树立起团队认同感，构建团队凝聚力。

活动一 解开千千结

【活动目的】

1. 促进团体成员的合作，体会合作的重要性。
2. 感受团体支持对于个人的意义和重要性，让成员在参与中感受团体的温暖与力量。
3. 培养成员积极应对困难的品质。

【活动道具】可准备轻快的音乐。

【活动场所】可移动桌椅的教室或室外空地。

【活动时间】20~40 分钟。

【活动人数】8~12 人一组，每组人数为双数。

【活动程序与规则】

1. 小组成员围成圆圈。
2. 活动可以分两轮进行。

第一轮，小组成员每人举起自己的右手，去握住自己正对面那位成员的右手(例如：

如果小组成员有 10 人，每个人对面的那个人是自己站立的位置顺时针或逆时针接着往下数的第 5 个人）。每个人的左手握住其他任意一个人的左手，但不能是同一个人的左手。这样组成一个相互交错的结。小组成员在不松开手的情况下，要想办法把这个错综复杂的结解开。团体领导者可以提示结解开后是一个大的圆圈或八字环。

第二轮，围圈站好后，每位成员记住自己左右手分别是谁，然后在轻快的音乐中，各成员在刚刚围起来的圈内自由走动，领导者观察组内成员，待其位置顺序打乱后音乐停止，小组成员在所在位置不动，将左手伸出去拉原来位置左边人的左手，右手拉原来位置右边人的右手。小组成员在不松开手的情况下，想办法把这个错综复杂的结解开。

3. 小组成员可以讨论解结策略。

4. 在青少年群里中，如果遇到结实在解不开的情况，可以允许成员临时使用一到两次魔法棒，魔术棒点到的手结可以暂时松开一下，调整后再重新拉手。

5. 如果各小组解结很顺利，可以将 2 个或多个小组合并，围成一个更大的圆圈，形成更复杂的结并解开。

【交流分享】

1. 在活动刚开始时，面对一个个错综复杂的结，你认为能打开吗？是否觉得任务很难甚至不可能完成？有什么样的感觉和体验？

2. 在解结过程中，你的想法发生了什么变化？

3. 当结最后解开时，你的心情如何？

4. 第一轮活动的成功对第二轮活动有什么影响？

5. 该活动对你的学习、生活有什么样的启发？

【注意事项】

1. 提醒成员注意安全。在解结的过程中不要用力拉扯，以免导致他人手腕受伤。如果有人手臂近期有伤，可作为活动的观察员或魔法师，帮助其他小组成员解结。

2. 如果活动在学生中开展，可以根据学生的年级来确定小组人数。低年级每组人数可确定 6 人或 8 人，初中以上群体可在 10 人或 10 人以上。小组人数越少活动难度越低。

3. 若要使用魔术棒，提醒成员慎重思考在哪两位成员拉手处使用。

4. 当某小组成员结解不开而出现情绪波动时，领导者要给予成员鼓励与支持，说明结解不开是正常的，有可能出现解不开的情况。不要灰心，可以再试一次。

【活动扫描】

活动开始后，小组成员的兴奋度很高，大家都想挑战这个全新有难度的任务。有些组员开始时信心不足，心想这么复杂的结，要解开好像不太可能。很多成员自动当起了指挥者，大家一起摸索着，用身体钻、转、跨等方式，看看能不能将结打开。有时候小组会一筹莫展，怀疑自己遇到的是不是“死结”，有人会感到信心不足、沮丧，甚至想放弃，领导者、魔法师和其他先完成小组成员的支持和鼓励，帮助动摇的组员坚持下来，重新思考策略和方法，有时候应了那句诗："山重水复疑无路，柳暗花明又一村。"当一个个困难的结被解开时，不少组员高兴地为自己欢呼鼓掌。本活动能有效促进团队成员的沟通与合作，感受到齐心协力才能共同解决困难。办法总比困难多，很多时候坚持不放弃、依靠团体的力量，一定可以柳暗花明！

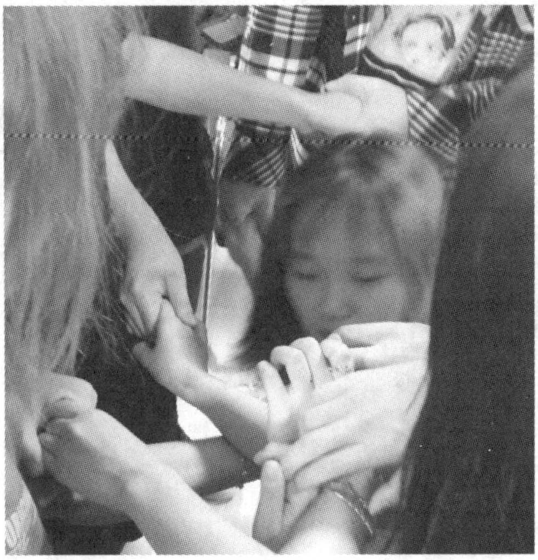

图 2-1　相互交错的"千千结"

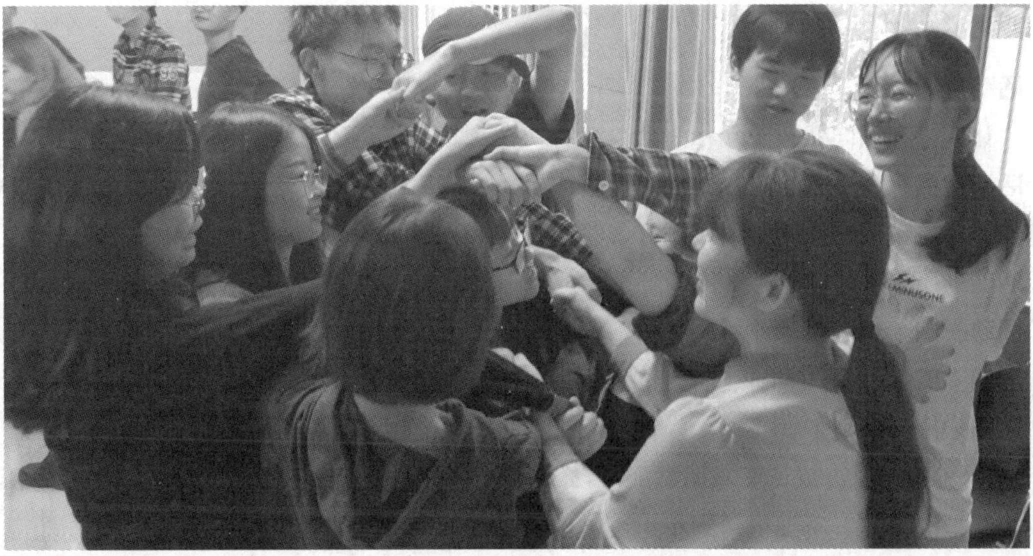

图 2-2　正在解"结"

图 2-3 “千千结”解开了

活动二 齐心下降

【活动目的】

让成员在共同任务中互相配合，互相协作，培养成员团队合作精神。

【活动道具】几根 3 米左右光滑的轻质细棍，可以用铝合金帐篷杆连接，也可以用塑料拼成；还可以用轻质的塑料撑衣杆代替(因撑衣杆长度较短，此时小组人数相应减少)。

【活动场所】室外较空旷平坦的场地，或可挪动桌椅的教室。

【活动时间】30~40 分钟。

【活动人数】根据人数和细棍的长短分小组，每组人数在 12~20 人。

【活动程序与规则】

1. 分组。每组成员面对面站成两队，伸出左右手做“手枪”式，将两手食指紧贴着放在细棍的下方，将细棍举到小组成员中身高最矮的成员眉毛的高度，并保持水平。

2. 各小组的任务是：在保证所有成员的食指都和细棍水平接触的情况下，将细棍往下移至平地上。细棍下降过程中，任何人的食指离开棍子，任务必须重新从原来的高度开始。

3. 每个小组有 10~15 分钟的练习尝试时间，随后，各小组到大组中进行展示。

【交流分享】

1. 活动开始前你觉得这个任务容易吗？

2. 活动练习阶段你有什么发现？

3. 你的所想和所做一致吗？

4. 活动中，棍子可能出现不能顺利往下移动的现象，为什么？

5. 在团队合作中有没有类似的情况出现？

6. 联系实际生活，谈谈这个活动给你的启示。

7. 联系班集体建设，你觉得除了要有共同的目标外，还需要具备哪些要素？

【注意事项】

1. 所选细棍必须要轻巧，这样活动任务才有难度。

2. 必须保证每双手的食指都接触到棍子，并且食指都在棍子下面；同时食指不能相互勾连，必须要水平伸直。

3. 严格执行活动规则，一旦违规及时指出，任务从起点重新开始。

4. 在活动过程中，可以向成员说明这个任务难度很大，按要求做，完不成是正常的。

5. 可设置 2~3 名观察员，观察每个小组的互动情况，并在分享环节反馈每个小组及成员的活动表现，由此引出与现实生活的联系，以此增进对自我的了解。

【活动变式】

可用轻型呼啦圈代替细棍，小组成员 6~8 人围成圈，共同把呼啦圈从眉毛处降下来。

【活动扫描】

活动刚刚开始时，很多成员就意识到了任务的难度。尽管大家都想顺利完成任务，但活动过程中往往会出现棍子不降反升的现象，还总有成员的手指会不小心离开棍子。在完成难度任务的过程中，小组成员充分沟通，反复实践。尽管任务很有难度，但每个小组最后都完成了挑战，其中有的小组采用了很有创意的方法，在很短的时间内高效完成了活动任务。在活动分享环节，分享者能把该活动和日常生活相关联，认识到在团队运作的过程中，完成共同的目标和任务很多时候是有难度的，仅仅有良好的愿望还不够，还需要大家协调一致、充分沟通、反复实践，经受住各种考验。

图 2-4　任务刚开始

图 2-5　目标即将达成

活动三　人　　椅

【活动目的】

活跃团体气氛，促进团队互动与协作，让成员在活动中感受团队的力量，培养成员团队合作精神。

【活动道具】无。

【活动场所】可移动桌椅的教室或室外空地。

【活动时间】5~10 分钟。

【活动人数】全体成员。

【活动程序与规则】

1. 全体成员围成一圈或站成一纵列，每位成员将自己的双手搭在前面的成员的肩膀上。

2. 成员与成员之间调整好距离，确保自己能坐在他后面成员的大腿上，并放开搭在前面成员肩膀上的手，手部不与其他成员有接触。

3. 领导者开始计时，看看全体成员能在这种姿势下坚持多长时间不松垮。

4. 活动人数多时，也可以以小组竞赛的形式进行，看看哪个小组坚持的时间长。每个团队或小组可以在正式开始前设计好口号，在活动进行过程中喊出口号给团队鼓舞士气。

5. 领导者在活动开始前可以允许团队有 3 分钟的讨论交流时间，商量活动策略。

【交流分享】

1. 在活动还没有开始前，你觉得你的团队可以坚持多长时间？

2. 描述自己活动开始后精神状态的变化。

3. 活动过程中是否存在依赖思想，认为自己的松懈对团队影响不大？

4. 这个活动给你的生活带来了哪些启示？

【注意事项】

1. 提醒成员注意安全。腿部有伤的成员可以作为观察员，不参与挑战。

2. 全体成员都要坐在后面人的腿上。领导者可以指定两人作为活动的监督员，并负责给成员鼓励打气。

【活动扫描】

这是一个促进团队相互协作的小活动，考验每一名成员的意志品质，考验成员之间的相互支持、鼓励和坚持。当活动以竞赛的方式进行时，全组就有了一个明确的目标，即努力比其他小组坚持更长时间，这也激发了全体成员的斗志。活动可以让成员体会到团结协作的重要性，有助于团队合作精神的培养。

活动四 一"圈"到底

【活动目的】

促进团队成员沟通与互动，在共同任务中团结协作，有助于团体凝聚力初步形成。

【活动道具】

呼啦圈和秒表各 2~4 个。呼啦圈大小、重量根据参与活动的人群而定。小学生的呼啦圈要比较轻，直径可适当小一些。中学生以上群体选用的呼啦圈直径要略大，重量不作要求。

【活动场所】室内室外空场地均可。

【活动时间】10~20 分钟。

【活动人数】不限，可根据实际情况分 8~20 人为一组。

【活动程序与规则】

1. 全体成员分成人数相等的小组。每个小组分派一名计时员，负责计时和监督小组成员遵守活动规则。小组成员手拉手围成一个圆圈，在其中两个人拉手处放入一个呼啦圈。

2. 在所有成员相互拉着的手不松开的情况下，呼啦圈穿过所有人的身体回到原位。活动过程中成员可以相互交流，但不能用手指去勾呼啦圈。活动采用计时的办法，每个小组都力争挑战最短用时。

3. 重复几次，看最快能用几秒完成。

4. 可鼓励小组成员用不同的方式传递呼啦圈。

5. 也可增加活动难度，在每个小组中，呼啦圈同时传递 2 个或多个。

【交流分享】

1. 如何能有效地完成活动任务？

2. 在刚才的活动过程中，你认为什么对团队最有帮助？

3. 这个活动对你的日常生活有什么启示？

【注意事项】

建议参与成员穿平底鞋，以免在活动中崴到脚。穿细跟鞋的成员可以安排其担任计时员。

【活动扫描】

小组在完成活动的过程中，所用的策略各不相同，有的采用头钻的方法，有的采用脚跨的方法，相邻成员之间相互协助，帮助组员顺利传递呼啦圈。该活动可以很好地促进小组中成员的沟通交流，促进成员间的合作。

活动五 “筷”球运输

【活动目的】

1. 培养团队成员的合作协调能力与公平竞争意识。

2. 锻炼团队成员的随机应变能力，帮助团队成员形成大局观念。

【活动道具】 30cm 捆手绑带若干、乒乓球若干、成对筷子若干、乒乓球盒若干。

【活动场所】 室外较空旷平坦的场地。

【活动时间】 30 分钟左右。

【活动人数】 根据人数进行分组，每组人数需统一，6 人较为合适。

【活动程序与规则】

1. 领导者将成员按人数平均分成若干小组。各小组领取盛有乒乓球的盒子与筷子，每组的乒乓球个数相等(乒乓球数量为各组成员数+2 适宜)，筷子数量即为成员数量。

2. 每组人员肩并肩站成一排，组内每名成员的左手与左边成员的右手捆绑，右手与右边成员的左手捆绑，以此类推，只有左右两端的成员分别空余了左手与右手无需捆绑。各组根据组内策略，利用分发的筷子将起点乒乓球盒内的所有乒乓球运输到终点的乒乓球盒内。要求乒乓球要依次经过组内所有成员的筷子。如果乒乓球中途掉到地上，此球要从起点处重新运输。

3. 活动限时进行，在最短时间内完成的小组获胜，最后完成的小组接受小挑战。

4. 成员在小组内交流心得，小组代表在大组中分享经验，主持人总结点评。

【交流分享】

1. 在活动进行前，你们组内是否就“如何高效利用筷子”产生了讨论？

2. 在活动进行时，你们传递乒乓球的策略有哪些？如果有乒乓球掉落，你们是如何解决的？

3. 你们组内的合作是否紧密，是什么驱使你们团结统一？

4. 团结与协调能力在本活动中是否重要？

5. 这个活动给你哪些启示？

【注意事项】

1. 绑带不要太紧，以免勒伤，手腕需要有适度活动空间。

2. 选择操场等大场地，以保证足够大的活动空间。

3. 领导者介绍完游戏规则后，要为各个小组预留充分的熟悉规则、交流讨论、模拟练习时间。

【活动扫描】

本活动十分考验团队成员的团队协作与随机应变能力，既快又稳地运输乒乓球到达终点，这是团队协作能力的具体体现。

在活动过程中，部分团队因为前期没有充分地沟通交流、商量策略而导致活动过程中运球失败次数过多，这也反映团队缺乏一定的凝聚力与协调能力，所以活动进程艰难

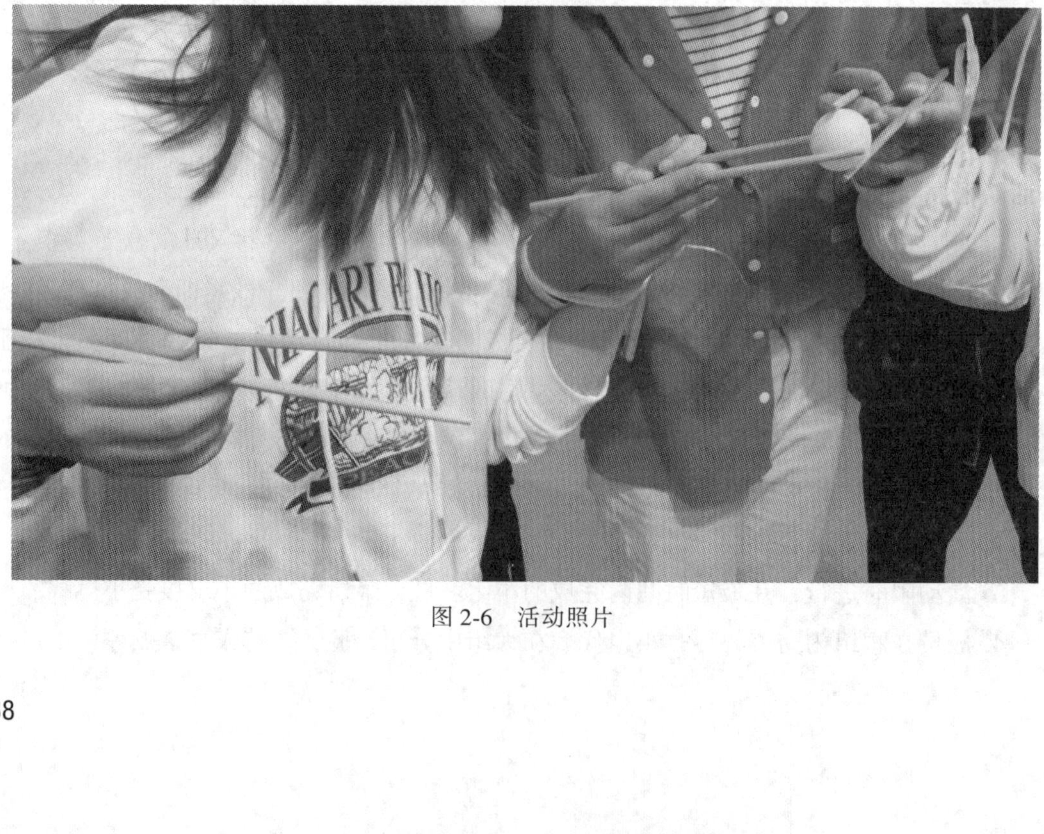

图 2-6 活动照片

且缓慢。反观那些在前期通过沟通交流商量出具体策略的团队，在过程中随机应变，逐步摸索到最佳运球方式，慢慢显现出他们的团队的协作能力与凝聚力，最终顺利完成游戏任务，到达终点。

由此可见，随机应变能力在团队合作中是十分重要的，它与协作配合能力共同作用，在团队竞争类游戏中都是必不可少的能力。只有这样，小组才能逐步培养出合作精神与协调能力，在团队竞争中脱颖而出，获取胜利。

活动六　乒乓协奏曲

【活动目的】

1. 使团队成员内部掌握团队协作精神，培养集体意识。

2. 锻炼成员们的协调与组织能力，体验合作带来的快乐。

【活动道具】乒乓球若干、1 米长细绳若干、圆形网格若干、乒乓球盒若干。

【活动场所】室外较空旷平坦的场地。

【活动时间】30 分钟左右。

【活动人数】根据人数进行分组，每组人数需统一，并保持在 7 人以内。

【活动程序与规则】

1. 团体领导者将成员分成人数均等的若干小组。

2. 领导者为每个小组分发一个乒乓球、一个圆形网格以及相应人数的细绳。

3. 领导者宣读规则：各组成员需要共同协作，商量策略，将细绳与圆形网格结合，要求圆形网格能被成员们的细绳悬空托住。完成细绳的缠绕后，乒乓球需要在圆形网格的上空下落，小组通过牵引细绳控制圆形网格的移动，以此来持续保持乒乓球的弹跳状态，直至运输到终点的乒乓球盒内。

4. 各组成员有 10~15 分钟的讨论与练习时间，随后正式进行游戏。

【交流分享】

1. 你们将细绳与圆形网格系在一起时，意见是否统一？最终是如何统一策略的？

2. 你们在运输乒乓球前进时，遇到了什么困难，是如何解决的？

3. 活动过程中，你是否感受到合作的重要性？

4. 这个活动带给你的感受有哪些？

【注意事项】

1. 注意安全，避免绊倒。

2. 在运输乒乓球前进的环节，若乒乓球掉落，整个团队需从起点重新开始。

3. 严格遵守活动规则，每个成员的细绳都必须系在圆形网格上，每名成员都需要同时参与乒乓球的运输。

【活动扫描】

本活动为团队协作类游戏，涉及团队合作精神与团队协调能力的培养。团队凝聚力在本活动中可以得到充分的显现，活动需要团队成员们齐心协力、团结一致地去共同努力，商量策略，才可能顺利完成活动任务。

细绳与圆形网格的系绕在本活动中是十分重要的，格外考察成员们的协作能力与策略协商能力。在活动中，有部分团队将细绳均匀地系在圆形网格边缘，然后进行牵拉，这种方法能够帮助团队成员们平均发力，从而更平稳地控制圆形网格前进。反观其他团队，细绳的系绕十分杂乱且不规律，因此，在运输环节中，无法稳定地控制好圆形网格前进，导致乒乓球频繁掉落，这就是团队合作和协调不到位的结果。

因此，团队需要足够的凝聚力来支撑团队有序地进行游戏，前期更需要必要的沟通与交流来商量策略，帮助游戏更加顺利地进行。

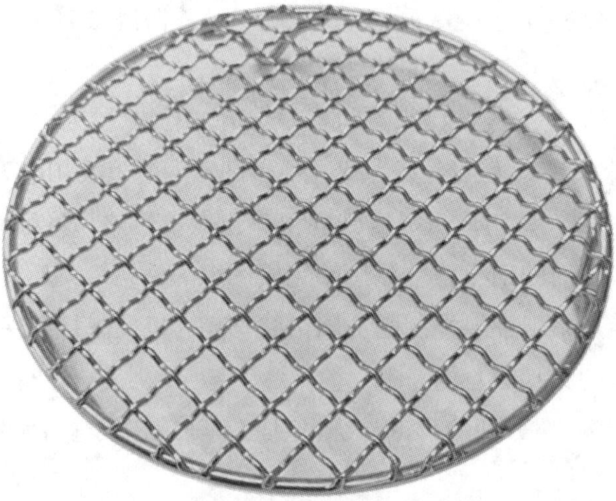

图 2-7　圆形网格道具

活动七　翻叶子

【活动目的】

1. 使成员们通过肢体接触，打破人际藩篱、活络团体气氛。

2. 锻炼成员们的问题解决能力、决策能力与团队互动能力。

【活动道具】约 1.30m×1m 大小相同的方布若干。

【活动场所】室外较空旷平坦的场地。

【活动时间】20 分钟左右。

【活动人数】按人数进行分组，每组 6~8 人较为合适。

【活动程序与规则】

1. 团体领导者将成员分成人数均等的 6~8 人小组，并为每组分发一块布，小组成员全部站立在布上。

2. 故事导入：我们是一群大雨后受困的蚂蚁，大家好不容易在湖面上找到一片叶子站上去，却又发现叶面上充满了毒液，惟有将叶子翻个面，才能解救自己，免除毒液的侵害。在翻叶子的过程中，所有成员的脚不可碰触到叶子以外的水面，但可以悬空，否则需重新开始游戏。

3. 各组成员有 8 分钟的活动前讨论时间，8 分钟后正式开始游戏，所有小组同时进行，在最短时间内完成翻面的小组获胜。

4. 领导者组织大组交流心得体会，分享各组的经验与感悟。

【交流分享】

1. 你觉得任务完成的关键在于？

2. 在任务完成过程中，小组中出现了哪些现象？

3. 在活动中你扮演的角色与实际生活有相似之处吗？如果有不一样，不同的角色带给你哪些不一样的体验？

4. 你觉得要完成活动任务，哪些因素是非常重要的？

【注意事项】

1. 领导者要保证活动有序、有效地进行，时刻调整现场气氛。

2. 注意安全，避免摔伤，拖掉鞋进行游戏效果更佳。

【活动扫描】

活动开始前，领导者向成员们介绍活动流程，提醒注意事项，并将在场的成员们随机分为三组。按照活动程序，分发完活动道具后，提供 8 分钟的小组讨论时间。

在游戏中，各组的参与度都极高，也都采取了不同的方法与策略来参与游戏，随着时间的流逝，大家为了更好地完成任务，不落后于其他小组，人际藩篱也慢慢被克服。为了节省更多的空间，每个组几乎都有男孩子背着女孩子的情况。整个游戏过程中，各组成员们都尽自己所能去团结互助，完成游戏。众人拾柴火焰高，在所有成员的努力下，各小组都实现了目标，大家在完成活动过程中充分发挥了团队的力量，达到了团队建设的效果。(以下为活动照片)

图 2-8　翻叶子

活动八 小指令大动作

【活动目的】

1. 培养团队成员的合作协调能力与随机应变能力。

2. 锻炼团队成员的沟通交流与协作能力，帮助团队成员形成大局观念。

【活动道具】2m×2m 的方形纸板若干(纸板可替换为瑜伽垫、报纸等物品)。

【活动场所】室外较空旷平坦的场地。

【活动时间】20 分钟左右。

【活动人数】根据人数进行分组，每组四人。

【活动程序与规则】

1. 团体领导者将成员们分成若干小组，每组四人。

2. 领导者为每组分发 2m×2m 的方形纸板，作为团队成员们摆造型的铺垫物。

3. 主持人宣读规则：每组人员需要根据主持人的指令做出对应的动作，如 2 只手 2 只脚、1 个头 2 个脚 1 个手、8 只手、2 个头 1 个臀部 1 个肚子、1 个后背 4 个手掌 1 只脚、1 个肚子 1 个后背 1 个手掌、2 个膝盖 1 个后背、2 个手指 2 个膝盖 2 只脚、6 只手 2 只脚、1 个臀部 2 只脚、3 个臀部、5 只手 1 只脚一个臀部、2 个膝盖 2 个手掌 1 只脚。动作需要定格三秒，才能进行下一个指令动作。

4. 活动限时进行，在规定时间内完成指令数量最多的小组可以对其他小组下达难度更大的指令。

【交流分享】

1. 在活动进行前，你们组内是否对某些动作分工明确？

2. 在活动进行时，如果团队成员对动作的造型意见不一，你们是如何解决的？

3. 你们组内的合作是否紧密，是什么驱使你们团结统一？

4. 随机应变能力在本活动中是否重要？

5. 这个活动给你哪些启示？

【注意事项】

1. 团队成员尽量拖掉鞋子在纸板上进行游戏。

2. 不要强迫自己做出高难度动作，以免发生扭伤事故。

3. 主持人介绍完游戏规则后，要为各个小组预留充分的交流讨论、模拟练习时间。

【活动扫描】

本活动十分考验团队成员们的随机应变能力，这也是团结协作中必不可少的一项技能。如果团队成员在活动过程中产生了分歧而导致活动无法顺利进行，就需要团队成员们反思自己作为团队成员之一是否顾全了大局，是否具备了集体意识。这时就需要大家调整策略，激发思维，转换方式来寻求其他的解决方法。只有这样及时更改策略，整个团队才能不耽误活动时间，依次完成发布的指令。

有部分团队成员在摆造型时，团队合作不够密切，导致团队要进行很多次造型设计，拉长团队的整体耗时；也有部分团队的凝聚力不强，团队整体比较松散，成员们无法坚持三秒定格，十分影响团队进程；只有那些拥有良好协作能力和随机应变能力的团队，才能领先在前，优先完成活动。

由此可见，随机应变能力与协作能力在团队合作中是十分重要的，良好的协作精神也是合作意识的部分体现。团队协作的游戏，离不开组内的团结一致与策略分工，只有这样，小组才能出色地完成活动任务。

活动九 单脚运球

【活动目的】

1. 培养团队成员的合作精神。

2. 锻炼团队的协作能力与大局观念。

【活动道具】气球若干。

【活动场所】室外较空旷平坦的场地。

【活动时间】30 分钟左右。

【活动人数】根据人数进行分组，每组人数需统一，数量为偶数，6 人以上为佳。

【活动程序与规则】

1. 团体领导者为各小组发放相应数量的气球，气球吹气大小由小组成员自己控制。

2. 领导者宣读规则：成员们吹完气球后，排成一横排，全体成员手臂挽手臂。每个成员分别出一条腿夹住球，即从左往右的第一名成员右腿与第二名成员左腿夹住一个气球，第三名成员右腿和第四名成员左腿夹住一个球，以此类推。预备姿势准备好之后，正式开始计时，小组全体成员列成一横排向前进，需保持气球始终在成员两腿之间，所有气球顺利到达终点算作完成活动任务。

3. 前进过程中，如果有气球掉落或破裂，小组需要从起点重新开始，亦可采取加时的办法，每掉落一次气球，在完成时间上加时 10 秒，气球破一个，加时 20 秒。

【交流分享】

1. 在活动进行前，你们组内是否统一了气球的夹击姿势？

2. 你认为在整个活动中，是什么驱使活动进展顺利？小组运用了哪些策略？

3. 你们组内的合作是否紧密，是什么驱使你们团结统一？

4. 这个活动给你哪些启示？

【注意事项】

活动前给每个小组预留充分的讨论、练习时间，以保证活动取得更佳成绩。

【活动扫描】

本活动是集团队合作与策略分工为一体的游戏，对团队成员们的协作能力和集体意识要求较高。只有在团队商量出运输对策后，整个团队才能在高难度的情况下，有条不紊地进行气球运输，最终到达终点。

成员间的协调合作、步调一致对气球的安全到达起着非常重要的作用。某些团队在夹击气球的姿势上杂乱不统一，导致前进的过程中无法统一步调，气球频繁掉落，需要从头开始运输，这样十分耽误时间，团队成员间的合作也不够连贯。而其他较为顺利的团队，则会统一单腿的方向与夹击气球的姿势，整个运输过程较为顺畅，且没有发生气球频繁掉落的情况，从而顺利地到达终点，最终完成游戏任务。

由此可见，团队策略是十分重要的，整个团队协调统一地进行活动也是合作意识的部分体现。团队协作类的游戏，离不开组内的团结一致与策略分工，只有每一位成员都全身心地投入到活动中去，才能在活动中收获更多。

活动十　保卫座位

【活动目的】

1. 使团队成员内部掌握团队协作精神，培养集体意识，感受团队的力量。

2. 锻炼成员们的默契与协调能力，体验合作带来的快乐。

【活动道具】椅子若干。

【活动场所】室内。

【活动时间】15 分钟左右。

【活动人数】根据人数进行分组，每组人数需统一，8 人以上较为合适。

【活动程序与规则】

1. 团体领导者根据小组数量的多少预留相应抢座位的人员。如分 4 组，则留 4 名成员负责抢座位，其余成员均分到 4 组中去，每组人数相等。

2. 每个小组分发相应数量的椅子，椅子数量为小组人数+1，小组成员将椅子围成一个大圆圈，然后面朝内坐下。

3. 每组都有一个多余的椅子没有坐人，在活动正式开始前，一名负责抢座位的成员将走进小组圆圈内，其职责是想办法坐到多余的那把椅子上面。小组的任务就是在座位被抢时，靠近那把椅子的成员们立即顺时针调整座位，挤占空余座位，让抢座位者无法入座。小组成员移动时，其他地方又将空余一个座位，抢座位者继续抢占，小组成员继续顺时针调整座位，保卫座位。

4. 小组成员移动时，只能顺时针转动，以免发生碰撞。成员需要相互协作，商量策略，培养默契，共同保卫座位。

5. 以 5 分钟为时限，统计抢座者抢到座位的次数。

【交流分享】

1. 你们在游戏开始前时，是如何商量策略调整座位的？

2. 在进行游戏中发生了什么现象？遇到了什么困难，是如何解决的？

3. 你认为抢座位者像生活中的什么？而你的团队小伙伴们又像什么？

4. 这个活动带给你的感受有哪些？

【注意事项】

1. 注意安全，避免从椅子上滑倒。

2. 活动前建议全体成员穿舒适的鞋，女性避免穿细跟鞋，以免保卫座位的过程中，发生腿部扭伤。询问哪些成员腿部不适，可让他们充当观察员。

【活动扫描】

本活动十分考验团队成员之间的默契与合作。在游戏开始前，团队只有通过充分地沟通与交流，才能逐步培养团队默契与团队凝聚力，才能在游戏中得到更好的游戏体验。

在活动过程中，保卫座位行为对于团队成员来说是一种增强团队凝聚力的催化剂，只有统一了战线，团队成员才能为之共同“战斗”。有部分团队在前期没有进行良好的策略沟通，导致在保卫座位时，团队只挪动了极少数的成员，未能对抢座者抢占下一个空座产生距离干扰，抢座者很快就抢占到临近的空座位坐下。而其他有沟通有策略的团队，在每一次座位即将被抢占时，都进行了大范围座位移动，导致抢座者与新空座位距离更远，增大了其抢占座位的难度，团队的凝聚力也因此而得到增强。

团队合作精神与团队协调能力的培养是十分重要的，只有团队成员们齐心协力、团结一致地去共同努力，商量策略，才可能顺利地完成活动任务。

第三章
沟通交往类

沟通类活动，其目的是想让活动体验者明白良好的沟通可以达到事半功倍的效果。沟通在人类社会中发挥着重要的作用，一方面人与人之间的沟通交流会产生信息的传递，人们得以更新自己的认知，获取有用的知识来实现自己的目标；另一方面，有效的沟通可以消除误解、增进情感，是建立和维系良好人际关系的重要方式。沟通类活动可以设置各种限制来使参与者在体验中发现有效沟通对于目标达成的重要性，并在体验过程中习得有效沟通的方式。同时参与者会发现沟通并不仅限于言语表达，肢体语言也蕴藏着丰富的含义，在沟通交流中发挥着意想不到的效果。

活动一　六分之一的感觉

【活动目的】

调动成员的兴奋度，增进彼此的熟悉感，让大家在轻松的话题中加快对团体成员的了解，体验沟通交往的快乐与愉悦。

【活动道具】几张不同的卡片或纸片(卡片/纸片正面画着图案，背面写着两个讨论问题)

【活动场所】室外较空旷平坦的场地，或可挪动桌椅的室内场地。

【活动时间】30 分钟左右。

【活动人数】视情况而定，人数 20 人以上最佳。

【活动程序与规则】

1. 全体成员围成一个大圆圈。团体领导者放轻松愉快的音乐。

2. 团体领导者事先根据参加活动的人数将每张卡片剪成大小均等的 6 份(具体份数

视人数而定，每人获得一张小卡片），并将小卡片抛洒在地上让每个成员随机选取一张小卡片。因为大家拿到的卡片可能是完整卡片的六分之一，因此每个人需要主动与其他成员沟通交流，寻找同伴将手中的卡片拼成一张完整的图片。

3. 成员积极寻找同伴，通过询问、展示等办法，最终将卡片拼完整。找到其他同伴后可以找一个位置围坐下来，如果小组成员彼此不认识，可以开始进行一个简单的自我介绍。

4. 小组成员翻开拼好的卡片的背面，围绕着卡片上面的话题展开沟通，时间 5 分钟。

5. 团体领导者将卡片重新回收，重新抛洒，成员重新"抢"卡片，重复以上程序 2~3 次。

【交流分享】

1. 活动带给你哪些感受？

2. 联系实际生活，这个活动对你的人际交往有什么启示？

【注意事项】

1. 确保每一张小卡片是完整卡片图片的一部分，每张完整卡片的背面话题各不相同，话题贴近成员生活，比较易于交谈，不可过多涉及成员隐私。

2. 可根据成员总人数，将卡片分成四分之一、五分之一、六分之一、七分之一或八分之一。单张卡片分成的份数越多，每轮交谈所需时间适当增加，要保证成员有充分地交流分享机会。

【活动扫描】

游戏开始前，当团体领导者向大家介绍活动的内容和流程时，大家都很期待游戏的开始。当小纸片在空中抛洒出去后，成员都快乐地上前去"抢"卡片，场上充满着快乐热闹的气息。每个人拿到卡片之后都迅速地去寻找队友。大家主动与他人沟通。有一支队伍很激动地对团体领导者说："你知道我们组队有多快吗？纸片一捡起来立马就找到其他人！"言语中的自豪感溢于言表。

在沟通交流环节，大家围绕话题展开交谈，体验交流的兴奋与快乐。通过 2~3 轮的活动，每一个成员和现场更多的成员围绕共同话题开展交流讨论。大家彼此比之前更加熟悉，沟通交流也更加顺畅。在活动分享环节，很多成员反馈：真诚、主动、积极的沟通让人心情愉悦，也让沟通变得容易；倾听他人分享，可以拓宽自己的视野，发现彼此的相似性，达到心灵上的共鸣；寻找生活中大家感兴趣的话题，可以更好地促进人际沟通，等等。

活动二 传声筒

【活动目的】

1. 帮助团队成员建立默契度。
2. 调动团队成员积极性，使团队成员有共同参与感，促进团队成员的协作。
3. 让成员感受非言语沟通的魅力与局限性。

【活动道具】四字成语卡片。

【活动场所】室内或室外空旷的场地即可。

【活动时间】25 分钟左右。

【活动人数】不限，5~8 人为一组。

【活动程序与规则】

1. 根据总人数把全体成员分成多个小组，每个小组的成员站成或坐成一纵列。

2. 团体领导者会告诉每个纵列的最后一名成员一个四字成语，每组的最后一名成员只能用口型或肢体动作(不能用语词)将成语传递给自己前面的那个成员。前一个成员接受到成语信息后，也用同样的方式向自己前面的一个成员传递。以此类推，成语传递到队伍最前面的成员，由该成员猜出成语名称。

3. 每组猜完一个成语后，不论猜对猜错，全组成员向后转，接着猜第二个成语，此时即由原来纵列的最后一名成员来猜出成语名称。如此循环往复，计算 15 分钟的时间里，猜出的成语最多的一组为胜。

4. 在成语传递的过程中，只能一对一地传递，即小组中一个人表演时只能由他前面相邻的一个人观看和猜，其他人背对站立或坐着不动。

5. 团体领导者可以邀请某些表演得最形象、最搞笑的成员来给全体成员进行成语展示。

【交流分享】

1. 为什么第一个成员接收到的成语总是与最后一个成员猜的有很大的差别？
2. 从活动中你收获了什么？有什么感悟？

【活动变式】

可在猜几个成语之后把传递的信息改为一句简短的话，或者传递某一项活动。

【活动扫描】

在活动过程中，成员竭力想要把收到的信息进行加工，力求形象地表达。有的成员认为，队伍纵列负责第一个传递成语的成员最为关键，这个角色的表达能力对小组能否准确猜出结果至关重要。在游戏的交流分享环节，有的成员表示有些成语自己不知道如何表达，结果导致小组其他成员理解困难。

活动中团体成员认识到：在完成团队任务时，如果事先团队有充分的沟通交流，能合理分配不同成员的角色，团队目标更易于实现。同时，沟通是双向的，同样的信息，每个人对信息的接收和处理可能会存在差异。在活动开展时，可以分两步进行。第一次不给团队成员事前的沟通时间，看看成员在单位时间里成功传递成语的数量；第二次给团队成员 5 分钟讨论时间，比较两种情况下成功传递成语数量的差异。

活动三　相似圈

【活动目的】

在不熟悉的团体中可帮助成员尽快地相识，拉近成员间的心理距离，帮助成员融入团体，感受到自己在团体中并不孤单，促进团体成员的互动，增进了解，促进成员对自我的觉察。

【活动道具】无。

【活动场所】室内或室外空场地均可。

【活动时间】20 分钟左右。

【活动人数】8 人以上的团队或班级。

【活动程序与规则】

1. 团体领导者根据参加活动的总人数将成员分成 8~12 人的小组。

2. 小组成员站立围成一个圆圈，相邻两人之间大约有一人的间隔，以保证围成的圈不会太小。然后用黑白配（手心手背）的方式决定出最先发言的成员，其余成员按顺时针的方式依次发言。

3. 从第一名发言的成员开始，每个成员依次在小组里询问其他组员类似的问题：我很想知道，在我们的团体里有谁和我一样，有什么什么特点？（例如：“我很想知道，在我们的团体里有谁和我一样，喜欢打篮球？”“我很想知道，在我们的团体里有谁和我一样，不是独生子女？”）发言者所说的特点一定是自己身上所具有的，而且不是其他组员一眼能够看见的。表达特点时尽量简洁，一次只表达一个特点。

4. 发言者问完以后，首先自己在小组里向前跨一大步，同时在小组里也具有这一特点的成员，大家一起往前跨一大步。让发言者发现哪些成员和他有相似点。

5. 发言者退回原位，顺时针由下一名成员接着询问同样的问题，做同样的动作，但不能重复询问之前其他组员提到的特点。

6. 小组成员顺时针依次发言，这样转到 3 圈停下来。

【交流分享】

1. 在刚才转完 3 圈的过程中，你有什么发现？

2. 你有哪些感觉？

3. 通过相似圈，你现在在团体之中的感觉怎么样？

【注意事项】

小组围成的圈子一开始要稍微大一点，为后面组员向前走一大步留出足够的空间。

【活动变式】

活动也可不分小组，全体组员围成一个大圈，由领导者发起提问，然后按顺时针或逆时针方向组员依次发言。这样在人数多的情况下，提问可在全体成员中只转一圈。

【活动扫描】

人们往往喜欢和自己相似的人。相似圈是一个很好促进大家相互了解、形成心理联结的活动。在一个陌生团体中，该活动能很快拉近成员彼此心理上的距离。当成员发现自己在一个陌生团体里原来并不孤单的时候，自然而然愿意与其他成员多交流，这有助于建立良好的团队关系。哪怕是在熟悉的班集体中，很多成员也发现，虽然大家同班成员已经几年了，但是有一些东西彼此了解得并不是那么多。通过这 3 圈，大家彼此之间的了解更深了，心理距离也拉得更近了，对自己也有了更多觉察。成员每一个问题的提出，都是对自身特点的反思。自己身上的某些特点可能在之前已经被其他组员提出来过，轮到自己发言时，自己要努力挖掘前人没有提出来的特点，也是一件不容易的事情，这可以引导成员对自己更深入的思考。

活动四　走出圈外

【活动目的】

促进成员自我开放，增强成员的自我觉察，让成员在团体中了解他人，关怀他人。

【活动道具】中性笔若干，“走出圈外”练习纸、书写板夹若干。

【活动场所】可移开桌椅的教室。

【活动时间】40~60 分钟。

【活动人数】单组人数 6~10 人。

【活动程序与规则】

1. 每人发放一张“走出圈外”练习纸，中性笔一支，书写板夹一个。

“走出圈外”

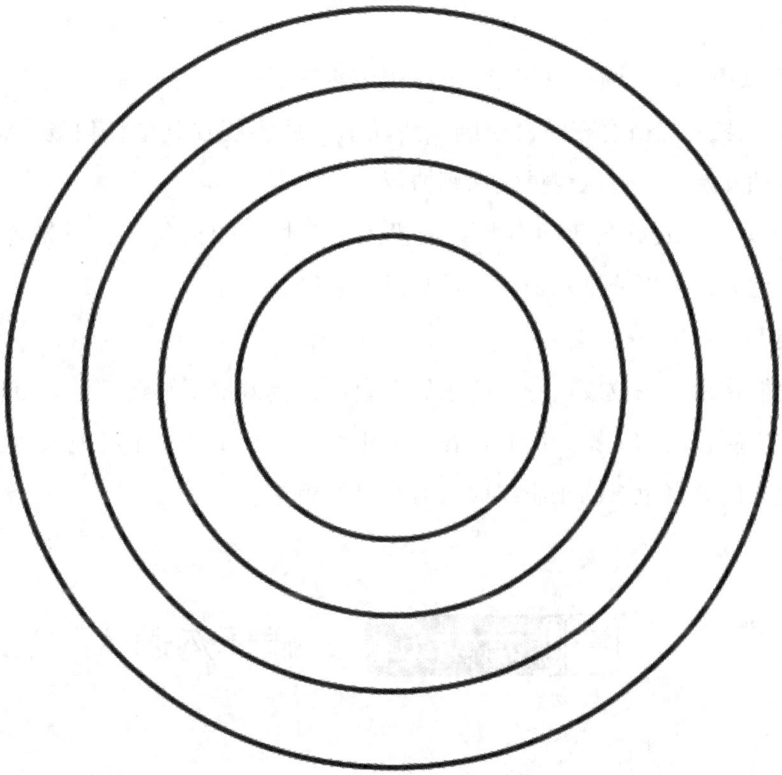

2. 团体领导者请每位成员在练习纸的四个同心圆上分别写下不同问题的答案。同心圆的最外圈(即第一圈)：写一件常常让你感到开心、满足、喜悦，但是比较少对别人说的事儿；第二圈相反，写一件常常让你感到不开心、不满足、郁闷、但是比较少对别人说的事儿；第三圈，写一个个人近期的目标或自己希望做到的一件事；最后的靶心圈，用三个形容词描述自己个性当中最具代表性的特征。

3. 小组内的交流和分享。分享的秩序按照从外到内的原则，首先是全体成员依次分享第一圈的内容，这个环节结束后再开始第二圈内容的分享，依次类推。保证每一轮分享的主题相同。不要由某一个组员一口气从第一圈分享到第四圈。

4. 成员分享时，其他组员给予积极分反馈、同感理解，真诚地对分享者感兴趣，关怀自己的组员。

【交流分享】

1. 分享完自己圈内的内容后有何感受？
2. 这个活动让你对自己有什么发现？
3. 其他成员的分享对你有什么启发？

【注意事项】

1. 练习纸中的同心圆尽量用单独的一张 A4 白纸打印，同心圆的大小适中。

2. 强调成员要严格遵守保密原则，活动结束后不能在其他任何场合谈论组员的隐私。可在活动开始环节每位组员签保密协议。

3. 强调每一位成员在活动中要真诚投入，关怀小组的伙伴，不批评不指责成员，不轻易评价他人，可以分享对他人事件自己的感受。

【活动扫描】

该活动能帮助每一位成员静下心来思考自己，真诚地了解自己，学习在团体中的自我开放，增进对自己的觉察。同时也在其他组员的分享中学会了解他人，关心他人，接纳他人。他人的分享也有助于小组成员对自己的思考。

活动五　循环沟通

【活动目的】

促进成员尽快相识，帮助成员打开话题，练习沟通，促进成员自我开放，思考和发现彼此价值观的不同。

【活动道具】无。

【活动场所】不限。

【活动时间】20~40 分钟。

【活动人数】20~30 人。

【活动程序与规则】

1. 全体成员1、2、1、2报数，分成两组，一组在内圈，一组在外圈。内圈的成员面朝外而坐，外圈的成员面朝内而坐，每一个内圈成员对应一个外圈成员。

2. 团体领导者给定一个话题，面对面而坐的两位成员就该话题交流2~3分钟。时间到，领导者叫停，内圈成员不动，外圈成员起立，向右挪一位，坐下来继续与新的朋友交流下一个话题2~3分钟。

3. 时间到时，外圈成员不动，内圈成员起立，向右挪一位，坐下来继续与新的朋友交流下一个话题。如此循环往复，直到每一位成员回到最初对面坐的成员时话题停止。

【注意事项】

1. 活动人数不宜太少或太多，太少不成圈，太多时间花费多，一圈10~15人较好。若人数为奇数时，内圈可多安排一名成员，团体领导者可随机插入到外圈。

2. 交流的话题可结合成员特点来设计，如果是陌生团体，每个话题之前成员先简要介绍自己的名字，再开启话题。以下是一些常见话题的参考：

(1)名字的由来，谁起的名字，寓意？

(2)我最喜欢的电视剧或电影？

(3)我最喜欢的历史人物？

(4)我最喜欢和什么样的人交朋友？

(5)如果每天多出一个小时，我会用来做什么？

(6)假设我突然有两个月假期，我会怎么使用它？

(7)如果天上掉馅饼，我中了1千万大奖，打算怎么花这笔钱？

(8)家中突然起火，只能抢救三样东西，我会抢救什么？

(9)20年后，我希望自己的生活是什么样子？

(10)医生告知我得了重病，仅剩3个月，我会怎么利用这3个月？

(11)我死后的墓志铭打算写什么？

(12)我现在的感觉是什么？

【活动扫描】

该活动用不同的话题，让成员在较短的时间里快速地和不同成员进行沟通。活动过程中，因为话题的不断转变、交谈对象的不断变换，成员常常很兴奋。这个活动不仅可以让成员迅速相识，也能在交谈过程中觉察自我的价值观，感受自己价值观与他人价值观的差异。现场活动气氛非常好。

活动六 盲哑人排队

【活动目的】

1. 使成员们学会寻找除语言之外其他的沟通方式。

2. 锻炼成员们的人际交往能力，使成员们明白沟通的重要性。

【活动道具】 分别写有 0~9 数字的小卡片若干、黑色眼罩若干。

【活动场所】 室内外较空旷平坦的场地，场地中没有障碍物。

【活动时间】 20 分钟左右。

【活动人数】 按人数进行分组，每组 10 人。

【活动程序与规则】

1. 团体领导者将成员们分成人数均等的各个小组，每组 10 人，主持人为每组分发 10 个黑色眼罩。

2. 领导者宣布规则：各组成员站成一纵列，戴上眼罩，由主持人手持 10 张小卡片（数字 0~9 各一张）拿到每位成员面前让其进行抽取，抽取后记住自己的数字并将卡片放在自己身上保管。成员继续戴上眼罩，不得告知其余组员自己的数字。成员们均拿到自己的数字后，主持人宣布游戏开始，各组成员需要在黑暗的环境下按数字序号从前往后依次排列站位。活动过程中不能说话，不能摘下眼罩。全小组成员认为本小组排列站位完成后，可以向主持人示意。

3. 领导者在游戏开始前，要给予小组成员充足的时间相互交流讨论策略。各组排列完成后，可以摘下眼罩示意主持人进行排序审核，排列正确算作游戏胜利。

4. 领导者组织大组交流心得体会，分享各组的经验与感悟。

【交流分享】

1. 活动过程中，你们是通过什么方式进行沟通和传递信息的？这些沟通方式有效吗？

2. 活动过程中，小组获得胜利的主要原因是什么？

3. 活动中，遇到了哪些困难？

4. 活动带给你的收获有哪些？给了你哪些启示？

【注意事项】

1. 在活动开始前，要给予成员充足的时间相互交流讨论策略。

2. 活动过程中要确保每名成员只能看到自己的数字，严格执行不能讲话、不能摘眼罩的游戏规则。

【活动扫描】

当领导者宣布游戏规则后，各个小组开始讨论：如何在既不能说话又看不到彼此的情况下按序排队。有的小组使用拍手的方式，有的在掌心写字，有的摸手指。游戏开始前，大家都觉得不会很难，但当游戏开始时，有的组却乱了阵脚。最后有两个小组成功地按顺序排列了出来，有一个小组一名同学站错了位置。

在分享的过程中，大家发现，拍手的方式可能会受到其他声音的干扰，而排队时也会因为找不到方向而站错位置。除此之外，大部分同学都成功使用非语言交流按顺序排成了队列。在日常生活中，除了语言之外，我们还可以使用多种方法进行沟通，加深对彼此的理解，提高人际交往的能力。(以下为活动照片)

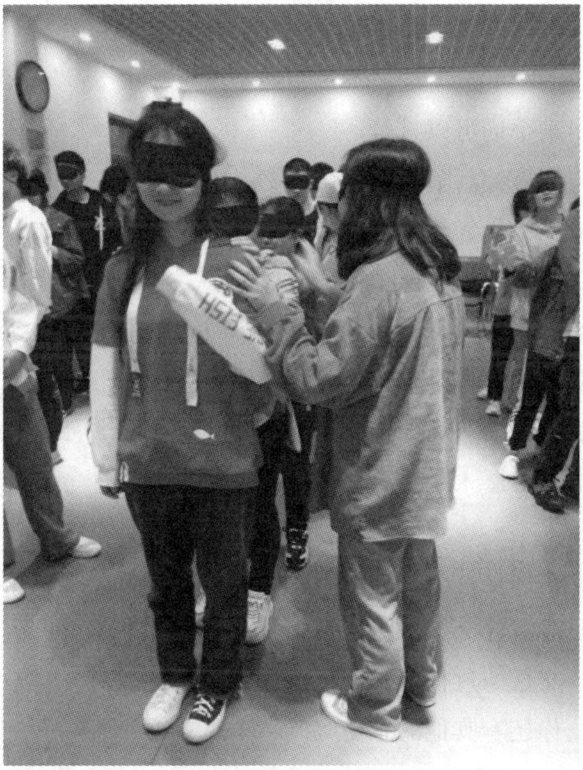

图 3-1　盲哑人排队

活动七 心有灵犀

【活动目的】

1. 提升团队成员之间的默契度，促进成员交流合作。

2. 锻炼成员的表演能力和反应能力。

【活动道具】词语卡

【活动场所】室内室外均可。

【活动时间】20 分钟左右。

【活动人数】根据人数进行分组，4 人一组。

【活动程序与规则】

1. 每组 4 名成员中，一人比划两人猜词，另一人做监督记录员，限时 5 分钟。

2. 比划者可以用肢体语言或口语向猜词者传达词语信息，但是口语表达中不能带有词语中包含的字或字的谐音。

3. 猜词者猜不出某个词可以喊过。

4. 统计每个小组 5 分钟后猜对的词语个数。

5. 各组分享交流经验、领导者总结点评。

[推荐词语：闻鸡起舞、手舞足蹈、掩耳盗铃 、猩猩、大象、长颈鹿、狗急跳墙、东张西望、抓耳挠腮 、老虎、悬梁刺股、拳打脚踢、东倒西歪、瞠目结舌、见钱眼开、害群之马、鸵鸟、猴子、小狗、目不转睛、飞檐走壁、东张西望、花样游泳、撑杆跳、挤牛奶、沙琪玛、一瘸一拐、痛哭流涕、张牙舞爪、蛙泳、跨栏、长吁短叹、蹑手蹑脚、义愤填膺、寿司、跳水、射箭……]

【交流分享】

1. 在活动过程中，你是什么身份？遇到了哪些困难？是如何解决的？

2. 你们在猜词语时有什么策略吗？

3. 你觉得在人际交往的过程中，怎样沟通效果会比较好？

4. 对这个活动，你还有其他的感受吗？

【活动扫描】

本活动涉及团队默契、沟通交往能力与良性竞争意识的培养。一人表演两人竞猜，这增加了活动的趣味性与竞争性，也使表演者更乐于发动思维，想出更形象的动作和表达来引导面前的两位成员猜出词语。

在活动过程中，部分小组十分有默契，通过表演者的一些小动作和隐喻，可以很准确地猜出词语。而有的小组，表演者的动作与表达不够准确，另外两名成员也摸不着头脑，使活动中的三名成员都十分焦躁。本活动十分锻炼组内成员们的交流与沟通能力，只有相互培养默契，成员才能出色地完成活动，收获成长。

活动八 大送礼

【活动目的】

1. 让成员感受爱与被爱的幸福与快乐，促进成员深入地沟通与交流。

2. 帮助成员领悟人际交往的原则与技巧，提升成员沟通交往能力。

3. 促进成员的自我觉察，感受自己的内在需要。

【活动道具】 76mm×76mm 彩色便利贴若干、水彩笔若干。

【活动场所】 室内。

【活动时间】 40 分钟左右。

【活动人数】 不限。

【活动程序与规则】

1. 团体领导者组织成员们坐下，给每名成员分发多张彩色便利贴和水彩笔。

2. 每位成员需要给其他成员送礼物(当然开“空头支票”就行)。每个人把想好的给他人的礼物写在彩色便利贴上(礼物也可以用绘画的形式进行)，每张便利贴反面写下自己的名字，一张便利贴上的礼物送给团体中的一名成员，写多少份礼物由成员自定。此环节用时 3 分钟。

3. 每个人带着自己的礼物单，开始在团体内赠送，收到他人礼物可以回礼，也可以不回礼。在送礼的过程中，可以向被赠送的成员解释自己为什么给他送该礼物，也可以不解释。最后，每个人整理自己收到的礼物。此环节用时 10 分钟。

4. 成员分享交流，团体领导者总结点评。

【交流分享】

1. 刚才的环节中，你收到了哪些礼物？你最喜欢的礼物是什么？

2. 你认为对方送你这个礼物的出发点是什么？

3. 你对礼物的理解是什么？

4. 你送出那些礼物的真实想法是什么？

5. 在送礼的过程中，你对自己或别人有什么发现？

6. 描述你收到礼物时的心情。

7. 这个活动带给你怎样的感受与领悟？

【注意事项】

1. 强调成员送礼态度要真诚，不能庸俗、恶作剧。

2. 交流分享环节领导者要善于引导，促进成员觉察自身的需要，领悟人际交往的原则与艺术，以到达活动的目的。

3. 礼物也可以以不记名的方式送出，或者每个成员把自己想送出的礼物放在专门的箱子中，由领导者来统一分发礼物。

4. 活动也可以分小组进行，在小组内进行深入的交流沟通。

【活动扫描】

从小到大，每个人都或多或少会收到各种礼物。尽管本活动中的礼物是虚构的，大多数成员收获礼物后仍然会很快乐。活动开始时，每位成员都写得非常认真，不少人精心地为其他成员送上对方需要的礼物，比如："滔滔不绝的口才"；幸福的家庭；勇敢与坚毅；一个倍棒的身体；一段愉快的旅行；一箱猕猴桃；甜蜜的爱情；"拥有知己"等。其中一个成员因收到他人送的"一千万现金"而感动不已，送礼者得知对方想要追求自己热爱的事业，却因面临转行压力和独自养家糊口的重担而心存犹豫时，非常想支持该成员坚持自己的所爱。在活动中，很多成员都能根据他人的需求送出对方想要的礼物。

拿到他人赠送的礼物往往会很开心，也有个别成员脸上比较平静甚至有些失落，也许收到的礼物不是自己中意的。本活动很好地拉近了成员之间的心理距离，让成员感受到关注与温暖，同时也体会到人际交往中要积极关注他人、真诚友善、乐于奉献。成员通过自己为他人准备的礼物，也能反观自我的需求与价值观，进而更好地认识自己。在交换礼物环节，成员们十分积极地向其他成员赠送"礼物"，并收获了不少"回礼"，在这其中，成员们收获的不仅仅是"礼物"，更在游戏中收获了沟通交流的能力。

活动九　寻人大行动

【活动目的】

活跃团体气氛，促进相识与相互了解，增进团体成员的沟通交流，培养成员积极与人沟通的意识，在人际交往中介绍自己、了解他人，找到有共同点的人。

【活动道具】中性笔、“寻人信息卡”。

【活动场所】室内外均可。

【活动时间】20~30 分钟。

【活动人数】不限，人数越多，活动效果更佳。

【活动程序与规则】

1. 每个成员根据“寻人信息卡”上的内容，在团体内找到具有相应特征的人，并请其在相应的特征后面签名。时限为 10 分钟。

2. 10 分钟后，回到大组中展开交流。活动领导者邀请得到最多签名的几位成员当众交流经验，也可以邀请得到签名少的成员分享原因，但一般采用自愿原则。

3. 领导者随机挑选信息卡上的某些特征，邀请具有相同特征的成员站成一圈，大家互相握手说：“你好！我是×××，很高兴认识你！”如果是熟悉的团体，则说：“你好！很高兴再次认识你！”成员之间可围绕共同点进行简短的交流。

【注意事项】

1. 领导者强调签名要真实，不具有某一特征则不能随意签名，也不可以代签。领导者可以随机抽查进行确认。

2. 每一个特征后面都可以有多人签名，因此成员签名时名字不要写得过大。

3. “寻人信息卡”的具体内容可根据活动对象的特点进行编写。以下表格中的信息是根据青少年团体编写的。

4. 在进行活动程序的第三步时，要避免落单，确保每位成员都在某个特征的小组中。

寻人信息卡

序号	特征	签名	序号	特征	签名
1	讨厌喝茶叶茶		17	喜欢打手机游戏	
2	会打乒乓球		18	写过诗	
3	有白头发		19	喜欢爬山	
4	喜欢古典音乐		20	不是本地人	
5	去过外地城市		21	爱养小动物	
6	骑过自行车上学		22	自己做过饭	
7	爸爸在外打工		23	喜欢 TF BOYS	
8	获过奖		24	上台表演过节目	
9	读过《三毛流浪记》		25	看过今年的世界杯	
10	参加过爱心捐款		26	怕黑	
11	未来理想当医生		27	住过院	
12	四月或五月出生		28	数学比语文好	
13	会游泳		29	体重在 30~45 公斤	
14	补过牙		30	最喜欢黄色	
15	穿蓝色上衣		31	有书法特长	
16	种过树或者种过菜		32	崇拜科比·布莱恩特	

【活动扫描】

本活动既适用于在陌生团体中开展，也适合在熟悉的团体中进行。活动可促进成员主动地沟通与交流，进一步增强对团体成员的了解。“寻人信息卡”中提供的信息，有些可以通过直接观察就能找到签名者，但大多数需要通过面对面的交谈才能获得信息。领导者可根据成员得到的签名多少，了解其活动的投入程度，也能了解成员获取信息、与人交流的能力。在活动的第三个环节，具有共同特征的成员一起相互认识与交流，能迅速拉近成员的心理距离，让大家体验到沟通交流的快乐。一些比较腼腆的成员在活动中迈出勇敢的一步，也收获了友谊，感受到自己勇敢带来的回报。

活动十　信任圈

【活动目的】

1. 帮助成员体验团体的支持与力量，提升成员之间的默契，感受非言语交流。

2. 促进成员觉察自身的人际信任水平，领会信任对于沟通交往的重要性。

【活动道具】无

【活动场所】室内室外均可。

【活动时间】30 分钟左右。

【活动人数】根据人数进行分组，8~12 人一组较为合适。

【活动程序与规则】

1. 小组成员面对面围成一个小圆圈，圆圈内一名成员立于圆心，其余成员相邻间隔不超过 10 厘米。站在圆心的成员双手反向交叉握于胸前，询问其他成员："请问大家准备好了吗？我要向后倒啦！"其余成员在此时则给予她相应的鼓励与倒下的指示。

2. 其他成员双脚一前一后保持半弓步站立，向前伸出双手，做向前推状，手肘呈 90 度，以接住该成员。此时立于圆心的成员闭上双眼，双脚跟并拢着地，身体其他部分完全不用力、努力保持放松，向后倒在队友的手中。中间成员倒向哪个方向，站在哪个方向的团队成员就要在该成员即将倒在自己身上前，利用双手把其支撑住，然后把他轻轻推向自己左侧的队友，注意用力不要太猛。在托住中间成员的过程中，相邻的成员要相互支持，共同托住中间成员，确保该成员不会出现意外摔倒。中间成员的身体依顺时针经过每位小组成员的支撑 2 到 3 轮后即可。

3. 组内其余成员自告奋勇，依次充当中间成员。所有成员都体验过中间成员后，活动结束。个别成员因害怕实在不敢体验中间成员的，也不必强求。

【交流分享】

1. 作为中间成员，在跌倒的过程中，你的感受是什么？

2. 作为第一个向后倒的中间成员，是什么让你拥有如此勇气？

3. 你是第几个作为中间成员的，为什么你不做第一个呢？

4. 在向后倒的过程中，你的内心有没有挣扎？有没有担心？

5. 大家做了什么让你感到放心，愿意向后倒？

6. 你是一个容易信任别人的人吗？

7. 你是一个容易被别人信任的人吗？

8. 你觉得信任对人际交往、人际沟通有什么样的意义？

【注意事项】

1. 在各小组开始活动前，团体领导者应随机选取一个小组给大家做示范指导。

2. 女性成员避免穿细跟鞋，以防站立不稳。

3. 近期手腕受伤的成员可作为中间成员或观察员，避免手腕用力再次受伤。

【活动扫描】

人际信任是指我们在人际交往过程中面对不确定情境时，基于经验判断对他人所持有的心理预期或信念。良好的人际交往、和谐的人际关系离不开人际间的信任。在活动过程中，有的成员非常主动地站到圆圈的中间，而有的成员内心非常忐忑，即使事先看到其他中间成员在队员的支撑下安全体验完 2 圈，却还是不敢向后倒。有的成员非常放松、非常享受地体验团队成员的支撑，而有的成员全程都很紧张，身体无法放松下来，脚尖不敢离地。不少成员反馈，放心地把自己交给队友是一种非常美妙而神奇的体验。

本活动涉及团队默契、沟通交往能力与信任度的培养。通过各组成员之间的相互配合与信任，让参与者体会周围人群对个体的友善和支持。当我们把信任交给团体，我们彼此也会更加信任。这个活动也常常用于团队建设活动中，培养队员团结协作，彼此信任，同心同德，目标一致，提高工作效率。

第四章

竞争合作类

竞争与合作是密不可分的。竞争可以提高热情，激发潜能，增强实现目标的内驱力。合作可以补齐短板，提高工作效率，增强团队向心力。缺乏竞争的合作没有动力，而缺乏合作的竞争必然混乱。竞争合作类活动，倡导参与者在竞争中合作，在合作中竞争，从而实现双赢局面。通过竞争合作类活动的体验，每一个活动参与者能领悟到生活中良性竞争和团队合作的重要性，在生活中践行积极正当的竞争行为，与他人相互协作，充分发挥集体智慧、才能和人格，让自己获得更大更好的发展。

活动一 蜈蚣大翻身

【活动目的】

让成员体验竞争与合作带来的快乐，培养成员团队合作精神。

【活动道具】秒表若干。

【活动场所】室外较空旷平坦的场地。

【活动时间】30~40 分钟。

【活动人数】根据人数分小组，每组人数在 15 人以上，可以以一个班级作为一个小组，每组的人数尽可能相等。

【活动程序与规则】

1. 各组按纵队排好。每位成员把双手搭在前面成员的左右肩膀上组成一条“大蜈蚣”，练习“蜈蚣”跑动，时间 2 分钟。

2. 接下来做“蜈蚣”翻身比赛，各组成员手拉手一字排开，要求全体组员在不松手的情况下，第一个成员依次从第二、第三名成员的拉手处，第三、第四名成员拉手处……一直到队伍最后两位成员的拉手处钻过去，第二名成员、第三名成员……跟随前面的成员一直钻完所有的拉手处。

3. 统计每一组的完成时间，用时最少的小组获胜。

4. 活动进行过程中，如果发生“蜈蚣”断开的情况，小组要重新开始游戏。

【交流分享】

1. 你认为要保证翻身又快又好，关键的因素有哪些？

2. 这个活动给你哪些启示？

【注意事项】

1. 选择操场等大场地，以保证足够大的活动空间。

2. 领导者介绍完游戏规则后，要为各个小组预留充分的熟悉规则、交流讨论、模拟练习时间。

3. 强调安全事项，尤其要注意手腕安全。

【活动扫描】

这个活动涉及多人的协作。如果每个人只顾自己，一心往前冲，很可能导致队伍断裂，全小组就得重新再来。活动考验团队合作和个人的反应灵敏性。成员与成员之间间隔要恰当，要考虑高矮胖瘦的搭配，这些因素都会影响团队任务的完成。因此，小组的每一个成员都很重要，大家彼此相互影响，活动的取胜需要全组成员的默契配合。

活动二　A4 穿越大冒险

【活动目的】

1. 使团队成员内部学会交流合作，培养团队合作精神。

2. 使各个团队之间拥有良性竞争意识，商量策略，不断磨合，体验竞争与合作带来的快乐。

【活动道具】手工剪刀若干、A4 纸若干。

【活动场所】室内室外均可。

【活动时间】30 分钟左右。

【活动人数】根据人数进行分组，每组人数需统一，并保持在 8 人以内。

【活动程序与规则】

1. 将成员们分成人数均等的若干小组，每组领取一把手工剪刀与若干 A4 纸。

2. 各组成员需要在规定时间内，利用手工剪刀将 A4 纸剪裁成封闭的环形式样，环形纸边必须完整无损，不能粘合或打结。剪裁完成后，团队成员必须安全地从环形纸边中穿越过来，所有团队成员安全跨过纸环且纸环无破损即算作团队完成任务。（若纸环破损，团队需要重新领取 A4 纸进行剪裁。）

3. 在最短时间内全员安全穿过纸环的团队算作胜利，最后一个完成穿越的团队接受小挑战。

【交流分享】

1. 你们在剪裁 A4 纸时遇到了哪些困难？是如何解决的？

2. 你们在穿越 A4 纸时，是如何进行分工的，有什么策略吗？

3. 在活动过程中，你们小组内出现了哪些现象？

3. 活动过后，你是否感受到合作的重要性？

4. 请谈谈你对这个活动的感受。

【注意事项】

1. 注意手工剪刀的安全使用。

2. 在穿越环节，若纸环破损，团队需要重新领取 A4 纸进行剪裁。

3. 严格遵守操作规则，根据策略进行分工安排时，不要干扰其他组的活动进程，成员们需要懂得良性竞争，更要专注于内部合作。

【活动扫描】

本活动涉及团队合作精神与良性竞争意识的培养。多人活动往往需要团队凝聚力的显现，在团队成员剪裁 A4 纸时，可以锻炼组内成员们的交流与沟通能力，进而打破藩篱，有助于下一轮穿越活动的进行；在团队剪裁完毕，正式开始穿越 A4 纸时，就需要考验团队成员的身体协调能力与分工合作策略。

在活动过程中，部分成员会因为不小心剪断 A4 纸而心烦意乱、越发焦躁，导致整个组内的进度停滞不前。反观那些冷静细心的团队，不慌不乱地一步步进行，有分工有合作，有鼓励有帮助，形成了良好的团队合作氛围，从而顺利完成任务。所以，多人合作竞争的游戏，离不开组内的团结一致与策略分工，只有这样，小组才能出色地完成活动任务。

本活动还可以作为创新实践类活动，鼓励小组尽可能用不同的方法完成 A4 纸的裁剪和穿越。

活动三 呼啦圈冲冲冲

【活动目的】

1. 让团队成员在竞争中体验合作的重要性。

2. 体验团队中每一个人的重要性，竞争中的胜出离不开每一位成员的全力以赴。

【活动道具】呼啦圈若干。

【活动场所】室外较空旷平坦的场地。

【活动时间】20 分钟左右。

【活动人数】根据人数进行分组，6 人较为合适。

【活动程序与规则】

1. 团体领导者为每个小组发放一个呼啦圈，成员排成一列，每两名成员间隔 10 米。

2. 团队需要从第一名成员开始，成员双手抓握住呼啦圈，然后双腿跳进呼啦圈内，紧接着呼啦圈从成员身后穿过头顶重新回到成员前面，成员再次双腿跳进呼啦圈，重复呼啦圈从身后穿越头顶的向前的动作，如此循环往复，不断跳跃前进将呼啦圈传递给下一名成员。

3. 各组进行比赛接力，呼啦圈顺利接力到终点，用时最短的小组胜出。

【交流分享】

1. 在比赛进行前，你们组内是否共同商量并运用了呼啦圈接力的策略？

2. 这个活动体验的过程中，你内心有哪些感觉？

3. 结合生活实际，这个活动给你哪些启示？

【注意事项】

1. 提醒每位成员需要注意安全，以免发生扭伤事故。

2. 介绍完比赛规则后，要为各个小组预留充分的交流讨论、模拟练习时间。

【活动扫描】

本活动适用的群体十分广泛，几乎老少皆宜。大家在跳跃中前行，成员为了团队亮出更好的成绩而共同努力。比赛前，大家共同激发思维、商讨策略。每一名成员的表现对团队成绩都有十分重要的影响。在呼啦圈向前冲时，其他成员都期待运输呼啦圈的成员能既快又安全地接力到下一名成员的手中。共同的目标让大家凝聚在一起，在竞争中体验着合作的紧张感和愉悦感。

活动四　滚动吧球球

【活动目的】

1. 使成员们在竞争中学会合作，总结经验，激发竞争意识。

2. 引导成员们养成团结合作、敢于竞争的拼搏精神。

【活动道具】乒乓球若干、纸杯若干、1.5 米长细线若干。

【活动场所】室内外较平坦空旷的场地。

【活动时间】30 分钟左右。

【活动人数】人数不限，根据人数平均分组，每组 8 人较为合适(需为偶数)。

【活动程序与规则】

1. 将成员们进行随机分组，每组 8 人较为合适。为每组分发一个乒乓球、一只一次性纸杯以及 8 根 1.5 米长的细线。

2. 各组成员两两搭配，每对成员面对面站立，四对成员共同商量队形，可站成“井”字形或其他形状。每对成员左右手各拉直一条细绳，并使两条细绳平行。每对成员拉直的绳子扮演一座桥梁，四对成员拉绳组成的四座桥梁从上到下依次叠放。想办法使乒乓球从第一座桥梁的开端移动到末端，然后此时第二座桥梁的开端需要在第一队桥梁末端下方接住乒乓球，然后乒乓球在第二座桥梁上开始运动至末端时，要使乒乓球落到第三座桥梁上开始运动。以此类推，乒乓球在第四座桥梁上走完运动轨迹后，落到第四座桥梁下方的杯子中即为成功。

3. 游戏开始后，全体成员位置站定后脚不能再挪动位置。活动过程中要确保双手不能触碰球，而且球在运输过程中不能掉落。如果掉落，则从第一座桥梁重新开始。

4. 在最短时间内完成游戏的小组获胜。

【交流分享】

1. 在活动开始前，你觉得这个游戏难吗？

2. 在游戏进行时，每队成员的合作是否紧密？有什么诀窍吗？

3. 在乒乓球掉落时，你们组的感受与反应如何？是如何进行补救的？

4. 活动过后，你是否感受到了合作的重要性？

5. 对这个活动，你还有哪些不一样的感受？

【注意事项】

团体领导者宣布游戏规则后，需要为各组预留试玩时间，再开始活动。

【活动扫描】

活动正式开始前，各小组都预先领取了道具进行试玩，并商量排兵布阵的策略。活动正式开始后，各队进度不一，部分小组很迅速地完成了游戏，而其他小组进展并不顺利，但是最后各个小组都完成了游戏，把小球运到了杯中。

成员们通过交流可以发现，人员安排的顺序、拉线的力度、所有成员的配合都会影响小球能否顺利运到杯中。把身高相近的成员组成一对，越高的组合，桥梁越在上方，以此类推，善用策略才能更容易成功。在整个过程中，小组要相互配合才能完成游戏，在日常生活中也一样，在竞争中学会团结合作、互相配合，这一点对我们来说很重要。(图 4-1 为活动照片)

图 4-1 滚动吧球球

活动五　幻想方阵

【活动目的】

1. 培养团队成员的合作精神。

2. 挖掘隐形的领导者，带领团队成员合理分工，完成任务。

【活动道具】黑色眼罩若干、12 米长绳若干。

【活动场所】室外较空旷平坦的场地。

【活动时间】20 分钟左右。

【活动人数】根据人数进行分组，每组人数需统一，并保持在 15 人以内。

【活动程序与规则】

1. 团体领导者将成员们分成人数均等的若干小组，为每组分发相应数量的黑色眼罩与一根 12 米长绳。

2. 各组成员均戴上眼罩，将长绳自然拉开摆成一条直线，每人相距 1 米。

3. 各组成员准备好后，领导者开始下达指令，如：“将绳子围成一个三角形”“将绳子围成一个正方形”“将绳子围成一个圆形”等连续指令，限时进行，在最短时间内完成的小组获胜，最后完成的小组接受小挑战。

4. 第一个完成的小组成员可以摘下眼罩观看其他组的活动进程与动态，观察总结经验，活动结束后在组内交流心得，小组代表在大组中分享经验，领导者总结点评。

【交流分享】

1. 分享你们的游戏策略。

2. 在活动进行时，你们组内有分工吗？是否出现了领导者？

3. 你们的活动进行得顺利吗？出现过哪些问题？

4. 良性竞争意识是否在活动中有所体现？

5. 这个活动给你哪些启示？

【注意事项】

1. 每人相距 1 米，活动过程中注意安全，以免发生绊倒等危险事故。

2. 选择操场等大场地，以保证足够大的活动空间。

3. 领导者介绍完游戏规则后，要为各个小组预留充分的熟悉规则、交流讨论、模拟练习时间。

【活动扫描】

本活动剥夺了成员们的视觉感官体验，所以在团队合作方面要求更高。只有在团队明确活动策略方向后，整个团队才能在遮住视线的情况下，有条不紊地按照指令进行方阵的摆排。

良好的分工对顺利完成活动任务起着至关重要的作用。某些团队事先角色分配不合理，在团队接收指令后，团队成员无法进行一致的摆排，整体杂乱没有秩序，无法很好地完成活动任务；有的小组产生了领导者，任务进行时按照每一位团队成员的编号，熟悉场地的方位，明确自己的位置。有的小组由小组领袖有序地对各成员进行指挥与协调，最终顺利完成指令形状。

由此可见，团队合作意识是十分重要的，接受领导者的分工与安排也是合作意识的部分体现。多人合作竞争的游戏，离不开组内的团结一致与策略分工。通过交流分享，全体成员能领悟到培养团队合作精神与良性竞争意识在生活中的重要性。

活动六 进击的火车

【活动目的】

1. 帮助成员领会团队协作精神，培养集体意识。

2. 促进团员养成良性竞争意识，体验竞争与合作带来的快乐。

【活动道具】15 米长绳若干、椅子若干。

【活动场所】室外较空旷平坦的场地。

【活动时间】20 分钟左右。

【活动人数】根据人数进行分组，每组人数需统一。

【活动程序与规则】

1. 将椅子摆放出三纵列，用于固定长绳保持离开地面的状态。将绳子利用椅子进行平行拉高或交叉拉高，高度需要低于成员们的膝盖平均高度，在场地中形成障碍物。

2. 人数均等的每小组排成一纵列，后面的成员用左手抬起前面人的左腿，右手搭在前面人的右肩上，组内保持这种预备姿势，最后一位成员也需要单脚弹跳前行，整个队列像一列火车准备出发。团队从起点出发，跨越障碍长绳，到达终点。

3. 全队顺利跨越障碍长绳且用时最短的团队算作胜利，用时最长的团队接受小挑战。

4. 每轮比赛2个小组同时进行。

5. 比赛结束后成员在小组内交流心得，小组代表在大组中分享经验，领导者总结点评。

【交流分享】

1. 你们在完成“火车”姿势时遇到了哪些困难？是如何解决的？

2. 在跨越长绳障碍时，你们是如何进行安排的，采用了哪些策略？

3. 你对这个活动有哪些体会？

4. 联系生活实际，这个活动带给你哪些启发？

【注意事项】

1. 注意安全，避免摔倒。领导者可以安排暂没上场的成员坐在椅子上，以免比赛组在比赛过程中绊到绳子致椅子倒地而影响另一组的比赛。

2. 在跨越长绳障碍环节，若有团队成员摔倒，整个团队需从起点重新开始。

3. 严格遵守活动规则，每个成员必须单腿跳跃前进，不允许松开搭在前人右肩上的右手，以免出现“火车”脱轨现象。

【活动扫描】

本活动为户外素质拓展游戏，涉及团队合作精神与团队协调能力的培养。团队凝聚力在本活动中可以得到充分的显现，团队成员摆出“火车”姿势就需要合作精神与相互协调，同时也可以促进组内成员的交流与沟通，团队成员因此热络起来，共同商讨任务策略，期待在跨越障碍环节有更好的团队表现。

在活动过程中，部分团队会因为前期沟通交流不到位，或者协调能力不足而导致跨越障碍失败；而那些凝聚力较强的团队，则会在前期就商量好跨越障碍的策略，真正遇到障碍时，便冷静细心、不慌不乱地一步步进行，有条不紊，充分展示了团队应有的合作能力与协调能力。

所以，需要多人合作的游戏，往往离不开组内的协调一致与团队精神。只有这样，小组才能出色地完成活动任务，培养团队合作精神与良性竞争意识。

活动七 纸板接力

【活动目的】

1. 培养团队成员的合作协调能力与公平竞争意识。

2. 锻炼团队成员的随机应变能力，帮助团队成员形成大局观念。

【活动道具】裁剪好的硬纸板若干。

【活动场所】室外较空旷平坦的场地。

【活动时间】20 分钟左右。

【活动人数】根据人数进行分组，每组人数需统一，6 人较为合适。

【活动程序与规则】

1. 团体领导者将成员分成若干 6 人小组，为每组分发 4 块相同大小的硬纸板，作为团队成员接力前进的铺垫物。

2. 领导者宣读规则：每组人员均分三人在赛道两端，起点组的三名成员手持四块硬纸板，由第一名成员向前铺放硬纸板，三名成员分别站在一张硬纸板上。第三名成员不断将身后的硬纸板扔到第一名成员前面，帮助第一名成员继续前进。在前进过程中，脚不能触碰除硬纸板以外的空地。当三名成员按规则顺利到达终点时，终点组的另外三名队员接力返程前进，利用起点组成员传递过来的硬纸板按规则返回起点。

3. 活动计时进行，在最短时间内完成的小组获胜，最后完成的小组接受小挑战。

4. 如果活动中有成员脚跨出纸板外，需要从三名成员的起点处重新开始。

5. 活动完成后成员在小组内交流心得，小组代表在大组中分享经验，领导者总结点评。

【交流分享】

1. 在活动进行前，你们组内是否就“如何传递硬纸板”产生了讨论？

2. 在活动进行时，硬纸板传递得是否顺利？如果第三名成员将硬纸板抛得太远，你们是如何解决这个问题的？

3. 你们组内的合作是否紧密，是什么驱使你们团结统一？

4. 随机应变能力在本活动中是否重要？

5. 回顾本组的活动过程，联系实际生活，这个活动带给你哪些启示？

【注意事项】

1. 硬纸板的剪裁必须稍宽于成人的双脚大小，为成员留有足够的踩踏空间。

2. 选择操场等大场地，以保证足够大的活动空间。

3. 领导者介绍完游戏规则后，要为各个小组预留充分的熟悉规则、交流讨论、模拟练习时间。

【活动扫描】

本活动十分考验团队成员的随机应变能力，这也是团结协作中必不可少的一项技能。如果在活动过程中发生了意外而导致活动无法顺利进行，比如第一名成员无法跳跃到第三名成员抛出的硬纸板上时，就需要三位成员调整策略，激发思维，转换方式来寻求其他的解决方法。只有这样及时更改策略，整个团队才能不耽误活动时间，顺利接力下去。

有部分团队成员在进行接力时，硬纸板抛得太近，导致团队要进行很多次短距的前进，拉长团队的整体耗时；也有部分成员的硬纸板抛得太远，导致成员们无法前进，也十分影响团队进程；只有那些在活动前已经商量好对策、试验了“射程”、主动熟悉协调的团队，才能凭借良好的协作能力和随机应变能力领先在前，优先完成活动。

由此可见，团队成员的交流沟通、随机应变能力在团队合作中是十分重要的。良好的协作精神也是合作意识的部分体现。多人合作竞争的游戏，离不开组内的团结一致与策略分工。本活动有助于成员团队合作精神与良性竞争意识的培养。

活动八　气球大护送

【活动目的】

1. 使团队成员内部学会分工合作，协调沟通，培养团队合作精神。

2. 使成员体验个人对集体的责任，锻炼成员充分发挥团队智慧，创造性地完成团队任务。

【活动道具】气球若干。

【活动场所】室外较空旷平坦的场地。

【活动时间】40 分钟左右。

【活动人数】根据人数进行分组，每组人数需统一，并保持在 8 人以内。

【活动程序与规则】

1. 团体领导者将成员分成人数均等的若干小组，为每组分发吹好的气球，气球的个数为“组内人数+3”个(目的是增加游戏难度)。

2. 领导者宣读规则：各组成员需要在规定时间内，将气球从起点运输到终点。其中，①不能用手、手臂运送或用嘴叼气球；②在运送的过程中，如果有气球掉到地上，则全组退回起点重新出发；③领导者会不定时在终点处发出指令“气球大护送”，当领导者说出最后一个字“送”的时候，团队成员均需保持静止状态(游戏规则类似于童年游戏“三二一，木头人”)；领导者在说“气球大护”的时候可以背对各小组，说出最后一个字“送”时，立刻转身观察哪个小组发生了摇晃，如果有团队成员存在摇晃动作，则此团队退回起点重新出发。④在前进过程中，若气球掉落，则负责护送的成员需退回起点重新开始气球运输。

3. 在最短时间内全员顺利到达终点且气球“存活”数量最多的团队算作胜利，可根据实际情况评选出“最佳护球组”“争分夺秒组”和“最佳创意组”等。

4. 成员在小组内交流心得，小组代表在大组中分享经验，领导者总结点评。

【交流分享】

1. 你们在设计如何携带气球前进时遇到了哪些困难？是如何解决的？

2. 你们在听到指令后，是否发生了部分成员仍在前进的情况？如果发生了，惩罚你们从起点重新开始时，你们的团队凝聚力有没有发生变化？

3. 活动过后，你是否感受到合作的重要性？

4. 联系实际生活，谈谈这个活动带给你的感受。

【注意事项】

1. 活动正式开始前，领导者检查各小组携带气球前进的“姿势”，保证安全。

2. 严格遵守操作规则，不干扰其他组的活动进程，成员们需要懂得良性竞争，更要专注于内部合作。

【活动扫描】

本活动十分考验成员的团队协作能力。前期携带气球的方法很讲究策略，团队成员可以背对背夹击气球，也可以手挽手用腰夹击气球，还有的团队采取口吹气球、头顶气球、两两组合等方式，不少成员有特别创意的表现。活动前团队成员团结一心，大家积极讨论活动策略，团队凝聚力初步形成。

在活动过程中，有的团队成员是分散的，有人单独运输气球，有的两两组合着夹击气球前进，有的团队不同组员运输气球的方法各不相同，这样的策略导致整个小组成员的进度不一。而游戏成功的标准是团队所有成员顺利到达终点，个别团队全体成员背对背挽成团，用背和腰同时夹击气球共同前进，他们步调一致、耐心细致、不急不躁，听到指令也统一静止，保护气球，整体呈现出有条不紊的状态，此类团队最终顺利到达终点，体现了良好的协作精神和集体意识。

集体的智慧是无穷的，有了良好的团队合作氛围和集体意识，成员们才能更加顺利出色地完成任务。

活动九　衔水救球

【活动目的】

1. 培养团队成员的合作精神。

2. 锻炼团队的协作与策略分工能力。

【活动道具】乒乓球若干、纸杯若干、水桶或面盆若干、1000 毫升以上相同大小装水容器若干。

【活动场所】室外空旷场地。

【活动时间】30 分钟左右。

【活动人数】根据人数进行分组，每组人数均等，并保持在 8 人以内。

【活动程序与规则】

1. 团体领导者将全体成员分成人数均等的若干小组，每位成员发放一次性纸杯一只。

2. 各小组设置同样距离的起点和终点。每组起点处的水桶中注满充足的水，终点处放置一个装水容器，在容器中放置一个乒乓球。

3. 各组成员均匀站立在起点至终点处，用嘴衔住纸杯，由第一名成员在起点处向自己的纸杯注水，第二名成员与第一名成员相互调整头部、嘴部和身体的姿势，由第一名成员尝试将水倒入第二个成员衔着的纸杯里，然后第二名成员再将水传递给第三名成员，以此递推进行下去，纸杯中的水运输给最后一名成员，最后一名成员用嘴将纸杯里剩余的水倒入终点处的容器中。乒乓球根据注水量的多少上升一定高度。团队成员反复进行运输，直到乒乓球完全浮出水面，掉在地上算作胜利。

4. 在用纸杯运输、传递水的过程中，全程不能用手进行协助，只能用嘴衔住杯子。

5. 各组成员准备好后，领导者宣布游戏开始，在最短时间内乒乓球从容器中掉落的小组获胜，最后完成的小组接受小挑战。

【交流分享】

1. 在活动进行前，你们组内是否商量出一定的策略？

2. 你认为在整个活动中，有没有最重要的角色？如果没有，谈谈你的看法。

3. 你们组内的合作是否紧密？

4. 联系实际生活，谈谈这个活动带给你的感受。

【注意事项】

1. 两人传递“倒”水的过程中，尽量不要将水洒到衣服上，以免引起身体不适。

2. 选择宽旷的场地，以保证足够大的活动空间。

3. 不要干扰其他组的游戏进行，更不要去碰撞或惊吓其他组员。

4. 领导者介绍完游戏规则后，要为各个小组预留充分的熟悉规则、交流讨论、模拟练习时间。

【活动扫描】

本活动是集团队合作与策略分工为一体的游戏，对团队成员们的协作能力和集体意识要求较高。只有在团队商量出运输对策后，整个团队才能在高难度的情况下，有条不紊地进行水运输，最终“救”出乒乓球。

每个成员在活动中都起着至关重要的作用，容器的快速注满需要每个成员都为之努力。在比赛开始之前，团队成员积极协商、大胆尝试，期待能找到更好地办法进行高效的水运输，团队凝聚力因共同的难度任务只发形成。个别团队在活动中不会变通，在最后一名成员把水注入容器后，才从头开始第二轮的运输，这样十分耽误时间，团队成员间的合作显得不够连贯。有些小组进行得比较顺利，能连贯地进行纸杯运输，在第二名成员传递完成后，第一个成员会开始进行二轮运输，整个团队的成员没有较多闲余时间，全身心地投入到每一轮的运输中，从而更快地“救”出乒乓球，最终获得胜利。

活动过程中的团队策略十分重要。多人合作竞争的游戏，离不开组内的团结一致与策略分工。只有每一位成员都全身心地投入到活动中去，才能在活动中收获更多。

活动十 黑夜的钥匙

【活动目的】

1. 培养团队成员的协作精神，在共同的难度任务中感悟集体意识的重要性。

2. 体验竞争与合作带来的快乐，在活动中增进信任感，培养良性竞争意识。

【活动道具】黑色眼罩若干、硬吸管若干、相同钥匙若干。

【活动场所】室外较空旷平坦的场地。

【活动时间】30 分钟左右。

【活动人数】根据人数进行分组，每组人数需统一，并保持在 9 人以内。

【活动程序与规则】

1. 团体领导者将全体成员分成人数均等的若干小组，分发对应数量的黑色眼罩和硬吸管，每组一个带钥匙扣的单把钥匙。

2. 各组成员排成一纵列，每名成员间距一米。除第一名成员外，其他成员均带好眼罩。各组由第一个成员开始，将钥匙挂在硬吸管上，成员用嘴叼吸管，将钥匙传递给第二名成员。第二名成员在戴着眼罩的情况下将钥匙传递到下一名成员的吸管上。以此类推，所有成员均需用嘴叼吸管传递钥匙。完成钥匙传递的成员，可以取下眼罩，指导后面的成员进行传递。

3. 钥匙传递过程中如果掉落下来，则由已摘下眼罩的成员重新挂到正在传递的两名成员中前一名成员的吸管上（如第二三名成员正在传递时钥匙掉落，则由第一名成员将钥匙挂到第二名成员的吸管上）。

4. 团队从起点出发，顺利将钥匙传递到终点，用时最短的团队算作胜利，最后一个完成运输的团队接受小挑战。

5. 成员在小组内交流心得，小组代表在大组中分享经验，领导者总结点评。

【交流分享】

1. 你们在戴上眼罩后有什么感觉？是如何适应并激励自己勇敢进行钥匙传递的？

2. 当团队在遇到障碍时，你当时的角色是什么？是观察者、引导者，还是传递者？当时的你有哪些感受？

3. 当钥匙还没有传送到你面前时，在等待的过程中，你的想法和情绪有哪些？

4. 回顾本组的活动过程，联系实际生活，这个活动带给你哪些启示？

【注意事项】

1. 注意安全，避免摔倒。告诫全体成员传递时不要出现过猛的动作，以免吸管戳伤组员。

2. 强调严格遵守活动规则，未完成运输的成员不允许摘下眼罩，不允许干扰其他组的进程。

【活动扫描】

本活动通过剥夺视觉感官体验，增加了游戏难度，同时也更加考验团队协作能力与集体意识。在黑暗的摸索中，团队成员间能感受到彼此的信任感在增强。

活动过程中发现，钥匙的传递难度比较高。成员在黑暗中很容易把握不好力度，多次出现钥匙掉落到地上的情况。但即使如此，也没有成员打退堂鼓，大多数成员能平心静气完成自己的传递任务。很多成员为了把握好力道，会彼此双手搭在对方的肩膀上，通过不断调整头部姿势来完成任务。也有成员反馈当钥匙几次掉落地上时，自己的内心会比较着急，旁边指导的成员可能更着急，有的小组甚至出现几名完成了传递任务的指导者同时指导，导致传递中的成员无所适从的现象。

本活动富有挑战性，有助于调动成员的好奇心和积极性，感受对他人的信任与支持，在竞争与合作中，体悟团队协作的重要性。

第五章
压力管理类

压力管理类活动，是一类觉察压力、释放压力、增强管理压力的信心、获得管理压力方法的游戏。压力无处不在且不可避免，有的人被压力击垮一蹶不振，而有的人在压力中生活得更精彩。这其中的奥秘就在于前者消极面对自身压力，而后者对于所面对的压力进行有效的调节。活动参与者通过体验轻松、愉悦的压力管理类活动，学习如何正确地看待自身压力，如何调节自己的心理状态，为自己洗去心灵上的浮尘，缓解心灵压力。

活动一　光谱测压力

【活动目的】

帮助成员评估生活、学习、工作(针对职场人员)中压力的大小，压力给自己身心健康带来的影响，压力管理的信心等，促进成员的自我觉察。

【活动道具】红、蓝布各一块(可用红色、蓝色丝巾或围巾)，彩色粉笔一支。

【活动场所】可移开桌椅的教室或室外空地。

【活动时间】15~30分钟。

【活动人数】不限。

【活动程序与规则】

1. 团体领导者根据场地的现状用粉笔在地上画两条长长的对角线，作为光谱线(如果画线不方便，也可以直接用指导语进行光谱线的说明)。

2. 领导者宣布进行第一轮光谱测量。请每一个成员评估自己生活、学习、工作中压力有多大。领导者在其中一条对角线的一端放着蓝布，另一端放着红布。红布代表的是10分，代表压力非常大；蓝布代表1分，表示没什么压力。在红布和蓝布这条连续的光谱线上，每一个成员评估自己目前压力的分值，并站到光谱线的相应位置。同样分值的成员水平站，也就是站立在一条与光谱线垂直的水平线上。领导者宣布开始行动后，全体成员禁言，在光谱线上找到自己的位置。站好后询问一下自己旁边的人是几分，如果站错了，调整一下自己的位置。

3. 领导者采取自愿原则，随机邀请站在最高分位置的成员，请他来说一说自己为什么站到这个位置上。其他成员转动身体朝向发言分享者并仔细倾听。领导者可以根据时间选1~2名成员做分享。

4. 接下来进行第二轮光谱测量。领导者分别将红布和蓝布放置在另一条对角线的两端。请每个成员评估压力给自己的生活、身心带来的负面影响的大小。负面影响有如下表现：睡眠不佳，吃饭没胃口，头痛、胃痛，爱发脾气，情绪不稳定，做事爱拖延，不想上班，脸上长痘痘，头发掉得厉害、抵抗力下降易生病，特别容易疲惫疲乏等。同样蓝布代表1分，表示影响不大；红布代表10分，表示压力对自己的影响很大。请成员在光谱线上找一个自己最合适的位置。站好后询问周围的人以保证自己站在正确的位置上。

5. 领导者邀请站在高分段的成员来分享压力带来的负面影响表现在哪些方面。

6. 再次回到第一条对角线的位置，进行第三轮光谱测量。测量问题为："你对管理好自己面临的压力的信心有多大?"蓝布代表1分，红布代表10分，分数越高代表信心越大。全体成员在光谱线上找到自己对应的位置。

7. 领导者可邀请高分段的成员和低分段的成员分别做交流分享，尤其是关注低分的成员和三轮都站在高分的成员。

【交流分享】

1. 做完三轮光谱测量，你对自己有哪些觉察?

2. 听到其他成员的分享，你有哪些感受和触动?

【注意事项】

1. 领导者强调压力是个体的主观感受，没有对错好坏之分，并非压力大就不好，压力小就好。

2. 强调成员要严格遵守保密原则，活动结束后不能在其他任何场合谈论其他成员的隐私。可在活动开始环节每位成员签保密协议。

3. 在每位成员分享后，领导者都要带领大家对其分享表示感谢，感谢分享者对全体成员的信任。

4. 领导者强调倾听他人分享的重要性，引导成员思考自己在光谱线上所站位置的原因。

【活动扫描】

本活动通过三轮测量，分别测量了个体压力的程度、压力下的身心反应以及管理压力的信心。在第一个环节中，团体成员觉察自身压力，尤其是听到别人对压力程度的分享，很多成员顿时觉得自己所面临的压力和别人比算不了什么；分享者能在团体中说出自己的压力，得到领导者和成员的理解和支持，这本身就达到了减压效果。在年龄和工龄相近的团体中，成员的困扰带有相似性，这也能让成员感受到归属感，发现自己的压力带有普遍性，从而增加应对压力的信心。第二个环节，大家会发现压力给每个人带来的负面影响是因人而异的。有的人是睡不着觉、失眠；有的人是掉头发、长痘痘；有的人是情绪容易烦躁、爱发脾气。过度的压力会给我们的健康带来威胁，所以我们要去管理压力。自然过渡到第三轮测量：管理自己压力的信心。在活动中我们会发现，经过前两轮的测量和分享，很多成员对管理压力的信心都增大了。在这个环节中，大多数成员都会站在光谱线 4 分以上的位置。之前报告压力特别大的成员，很多都站在信心比较高的位置上，表示自己有信心管理好自己的压力。他们的交流与分享，对其他信心不足的成员也会产生触动和积极的影响。活动中大部分人都表示有信心管理好压力，因此成员会领悟到：不是压力大就一定会压垮我们，关键是自己有没有信心去管理它！

活动二　压力圈

【活动目的】

帮助成员理性分析自己目前所面临的不同压力，使成员们主动觉察自己压力的来源。

【活动道具】中性笔若干，“压力圈图”练习纸、书写板夹若干。

【活动场所】可移动桌椅的活动室。

【活动时间】30~60 分钟。

【活动人数】单组人数 6~10 人。

【活动程序与规则】

1. 每人发放一张“压力圈图”练习纸，中性笔一支，书写板夹一个。

2. 邀请每位成员梳理自己现在生活当中面临的压力。假设练习纸上的这个人代表自己，每一个圆圈代表自己生活中大小不同的压力。大圆圈内写大压力，小圆圈内写小压力，离人近的圆圈写近期压力，离人远的圆圈写远期压力。每个人根据自己的现状来填写，一个圆圈只写一个具体的压力，不要笼统。如果你觉得压力没有那么多，圆圈可以不填满；如果觉得压力多可以增加圆圈。一定要具体，不能只填写“学习压力”“家庭压力”“生活压力”。比如，如果压力是学习方面的，一定要写学习上你的压力是什么，越具体越好。

3. 小组内交流分享：

(1)你的压力来源有哪些？

(2)每个圆圈给你的感觉是什么？

(3)压力很大时你身体的感觉如何？哪一部分不舒服？

(4)你如何处理这些压力？

4. 每个小组派代表到大组中进行分享：

(1)有没有小组成员的分享特别打动你？

(2)做完这个练习有什么收获？有什么启发？你对自己有些什么样的觉察？

【注意事项】

1. 强调组员在交流分享环节一定要把自己的“压力圈”图展现给大家看，因为这是一个很直观很视觉化的图，看图的感受和光听不看的感受是有差异的。

压力圈图

2. 强调不评判的原则。强调组员不可妄自分析和评价他人的压力。如果对他人图中某部分感到好奇，可以提问。

【活动扫描】

直观化的压力圈图，让每位成员有机会对自己生活中的压力进行思考和梳理。在分享中，当听到某个成员提到的压力自己也有时，会顿时感到在团体中找到了归属感。领导者可以问："此时你的心情怎样？"成员往往会回应："没有那么焦虑了"；"我发现这是一个共性问题，我并不是一个人在孤军奋斗！"一些组员反馈，当有这样一个机会在小组里面诉说自己的压力时，自己立刻感到轻松了不少。诉说时被别人聆听，被别人理解，自己会感受到很大的支持，而且说出来以后，自己往往就开始寻找解决问题的方法。所以，改变就在这个过程中开始发生。例如，某个成员分享后，领导者可以说："谢谢你的信任，讲完之后感觉怎么样？""挺爽的！"领导者引导成员认识到："当你勇敢地去信任团体的时候，你就会有不一样的感觉和收获！"因此，此活动用视觉化的图，让成员整理出生活中的大压力、小压力、近期压力和远期压力，给成员解决压力提供了目标和方向，让成员有信心脚踏实地地往前走。因此，本活动可以达到为团体成员减压的功效。

活动三　突破困境

【活动目的】

帮助成员学习放松的方法，协助成员找出目前生活中最烦恼、最有压力的事件，并运用自身资源解决压力，增强成员压力管理的信心。

【活动道具】中性笔、24 色水彩笔若干，放松练习乐曲、"突破困境"练习纸、书写板夹若干。

【活动场所】可移开桌椅的活动室。

【活动时间】40~60 分钟。

【活动人数】单组人数 6~10 人。

【活动程序与规则】

1. 团体带领者给每位成员分发一张"突破困境"练习纸和一个书写板夹，每个小组一盒中性笔、一两盒24色水彩笔。

2. 带领者邀请成员调整一下坐姿，找一个自己比较舒服放松的姿势坐下来；领导者播放放松练习乐曲，用指导语带领全体成员体验一段放松练习，时间约6~8分钟。

3. 成员拿出“突破困境”练习纸，带领者邀请成员在练习纸上开始作画，并强调要以绘画的方式完成练习，而不能用文字。左上一格的第一幅画上，画“你此时此刻的状态”，强调画画可以用线条、图形；可以抽象，也可以具体；可以用简笔画，不必在意画得像不像，好不好看，只需要按照自己能懂的方式表达自己即可。

4. 当大多数成员第一幅画完成后，带领者说出第二幅画的内容。用线条、图形等在第二幅画中画出近期工作、学习、生活中让你最烦恼、最有压力的事情，越具体越好。

5. 大多数成员完成第二幅画后，带领者请大家思考：面对第二幅画中自己最烦恼、最有压力的事情，有什么方法、措施、渠道、策略，帮你去面对它、处理它、解决它？带领者要求成员尽可能地扩展思路敞开去想，把能想到的所有有助于解决第二幅画的压力事件的方法一一画在第三幅画中。

6. 等大多数成员完成了第三幅画，带领者说明第四幅画的内容：如果用第三幅画里所想到的那些方法处理了第二幅画里近期的压力事件，压力事件解决后你的生活会是什么状态？请想象一下，把问题解决后你的状态画出来。

7. 各小组成员完成后，由组长带领组员在组内进行分享。每个组员把画呈现给其他组员看，并向组员介绍自己的四幅画，分享画完画后自己的感觉，平均每人2~3分钟的分享时间。其他组员认真倾听，如果对某位成员画中的内容好奇，可以用提问的方式，询问画的内容及想要表达的内容，但不要试图去评价和分析别人的画。

8. 大组的交流与分享：

(1)这个练习给你带来了什么？

(2)做完这个练习你感觉怎样？

(3)在练习过程中你有什么发现或感触？

(4)小组分享过程中你有什么启发？

【注意事项】

1. 用单独的一张A4白纸打印“突破困境”练习纸，确保给四幅画留出尽可能大的空间。

2. 带领者强调四幅画要用绘画的方式来表达，画中尽可能不要出现文字。

3. 向全体成员强调保密原则、不评价原则。

"突破困境"

第一幅	第二幅
第三幅	第四幅

【活动扫描】

做完这个练习，每个成员都感觉轻松了一些，感觉自身的压力得到了舒缓。活动首先从一段放松练习开始，指导成员用呼吸放松、想象放松的办法体验放松的感受，这个练习的过程本身就是减压。成员可以在以后的生活中自己有意识地练习用呼吸放松和想象放松的方法来帮助自己减压。放松练习的安排更重要的目的是帮助成员从浮躁喧嚣的世界中静下心来，能更多地和真实的自己在一起，从而对自我有更多的觉察。大多数成员在第一幅画中都会表达此刻的心情很平静、很放松。当成员心静下来时，会更理性地看待自己目前生活中的压力和困扰，也能想到以前想不到的方法来解决自身的压力事件。在第二幅画中，我们要求成员画出近期工作、学习、生活中自己最烦恼、最有压力的事情，这能帮助成员对自身的压力进行梳理，找出自己当前要解决的主要矛盾。这个过程提供给成员一个很重要的思路，即先抓主要矛盾。当成员找出主要矛盾时，就已经在解决自己的压力困境了。第三幅画寻找解决问题的方法，很多成员画了很多方法，几乎没有一个人第三幅画是空着的，有的人甚至画了七八种方法。此时成员会发现，面对压力，自己一定是有办法的，重要的是找一个时间和机会静下来好好地想一想自己有哪些应对问题的资源。第四幅画，很多成员画了太阳、笑脸、在一起的一家人、充满生机的大自然，这表明此刻成员的内心里有轻松、愉悦、美好、满意，有应对压力的信心。有这样美好的状态，自己必须去主动地面对问题，然后解决问题，去行动，以达到自己期待中的状态，这增加了成员解决问题的动力。因此，成员全身心投入练习的过程本身就可以减压。分享过程中，成员把自己的压力在小组里说出来的时候，会再一次看清自己面对的状况，再次增加信心。听到其他小组成员分享解决问题的方法，自己也会思考还有没有其他可用的办法？别人的方法自己要不要参考？

本活动可以增进成员的自我觉察，调动成员运用自身资源去处理压力，增强成员压力管理的信心和执行力。

活动四 压力管理 A-Z

【活动目的】

利用团体资源，帮助成员找到管理压力的方法，增强成员压力管理的信心。

【活动道具】中性笔、A4 白纸、书写板夹。

【活动场所】不限。

【活动时间】20 分钟左右。

【活动人数】不限，单组人数 6~10 人。

【活动程序与规则】

1. 随机分组，小组成员围坐成圈。每组发一张 A4 白纸、一支中性笔和一个书写板夹。小组推举一名记录员，记录员忠实记录每个小组成员的办法。

2. 头脑风暴：压力管理的有效方法。要求方法要具体可操作、多多益善、创意越新鲜越好。全体组员七嘴八舌、群策群力、集思广益。时间为 10 分钟。

3. 时间一到，由每个小组派代表在全体成员中汇报本小组的头脑风暴成果。比一比哪个小组想到的办法又多又好。

4. 领导者总结。

【活动扫描】

活动到分享环节，每个小组都能想到几十种管理压力的方法。比如对 6 人小组而言，每个人贡献 5 种方法就有 30 种方法。如果把各个小组的方法加在一起，会出现几百种方法。虽然一些方法是重复的，但也一定有些方法是独特的。这么多方法，一个人的力量是想不到的，这就是团体的力量！团体可以帮助我们打开思路，找到更多压力管理的方法。活动结束时，很多成员对管理好自身压力的信心更足了，办法更多了。

活动五　我不得不……

【活动目的】

促使成员分析压力事件带给自己的最坏结果，自己是否能接受这一结果；引导成员平和地看待压力事件的缘起；促进成员宣泄释放自己的压力。

【活动道具】中性笔、A4 白纸、书写板夹、黑板、粉笔。

【活动场所】室内。

【活动时间】20 分钟左右。

【活动人数】不限。

【活动程序与规则】

1. 分组：成员两两一组，面对面坐好。尽量选择自己不熟悉的成员。

2. 团体领导者邀请成员在自己的 A4 白纸上以“我不得不……”句式造句，比如“我不得不做某事”，每人完成“我不得不……”的句子多句，根据自己的实际来写。然后继续造句“如果我不做某事，就会 B”“如果 B，就会 C”，以此类推写(B、C 均为某个不好的结果)，一直到成员自己觉得可以结束了，即成员自己觉得没有更坏的结果会发生了。

3. 与分组内另一名成员分享刚写下的“我不得不……”，另一名成员倾听，可以给予适度的反馈。第一个成员分享完之后两人互换角色。

4. 所有分享完毕之后，领导者可以邀请几名成员自愿分享他们的内容并谈谈联系完成后的感受。

【注意事项】

1. 如果有黑板，领导者最好把造句的句式写在黑板上以便成员观察。

2. 有的成员分享到最后可能会觉得这一过程和最后结果有些可笑，会感觉到其实没有多大压力，领导者要抓住这一机会及时进行引导。

【活动扫描】

在直观地写下并说出一连串的“我不得不……”之后会发现很多有趣的现象，有些我们觉得带给我们很大压力的“不得不”到最后的结果是很有趣的甚至是有些荒谬的。我们往往倾向于将一些小的失败看成巨大的灾难，把一些小的压力事件主观放大，其实这些“不得不”并不会给我们带来多严重的后果。

有些情况下，我们最终否定的是自我的价值，也就是说如果这件事我没做，那么就体现不出自我的存在价值了。但是要注意，我们自身存在的价值不可能也不应该仅仅因为遇到一些小事而被否定。事实上，是否否定自我价值取决于我们自己。

生活事务的状态只有两类，即做了和没做，其余的一切都取决于我们自己的心态。我们每天对自己说的话决定了我们做这些事情的心态，如果我们每天生活中真的出现这么多的“不得不”，那么我们就会在一个悲惨的状态下工作，而这一悲惨的状态是自己强加给自己的。谁能够为我们的选择和生活状态负责？答案只能是自己。

活动六 学会放开手

【活动目的】

帮助成员了解自己对压力事件的掌控程度，增强对压力事件的控制感。

【活动道具】中性笔、A4 白纸、书写板夹。

【活动场所】安静的室内。

【活动时间】30 分钟左右。

【活动人数】不限。

【活动程序与规则】

1. 分组：6~8 人一组为宜，若是 10 人以内的小团体则不必分组。

2. 领导者进行简短的说明：我们每天都在思考和经历很多事情，有些事情在我们身边发生，我们可以控制；而有些事是我们不能控制的。对于后者，我们没办法也没必要去管。因此，我们要记住的是，能解决的事情不必担心，不能解决的事情担心也没有用。对于那些已经过去或尚未发生的事情，以及不在我们控制范围内的事情，我们要学会放下。领导者可以用图来说明：

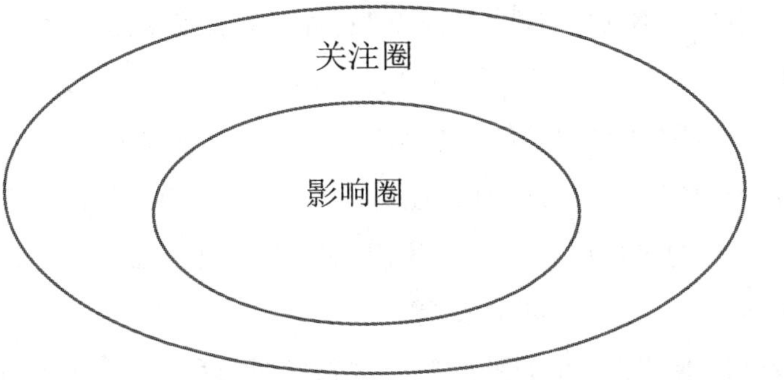

图 5-3　关注圈与影响圈

如图 5-3 所示，我们担心的事情可以放在“关注圈”内，但这些事情中，只有少部分是我们能够真正控制的，所以可以将其放在“影响圈”内。

3. 指导成员做一段深呼吸，尽量帮助成员完全放松下来。然后，引导成员思考自己目前的生活状态：

(1)想想你最关心、最关注的事情都有哪些？

(2)最令你担心的事情有哪些？

(3)这些事情中哪些是你能够控制的，而哪些是你不能够控制的？

领导者向每个成员发一张 A4 白纸，邀请成员在纸上画出关注圈和影响圈，并在相应的位置上写下最近一段时间内的压力事件。请成员们注意，写这些事情时留意一下这些事件应该放在“关注圈”还是“影响圈”中。

4. 领导者引导成员在小组内讨论写下的内容，分享写下这些事情时的感受。

5. 邀请组员到大组中来分享自己对活动的感受。领导者总结。

【注意事项】

1. 领导者要注意引导成员看看写下的事情是否确实是“关注圈”和“影响圈”内的事情，有时成员会把不能控制的事情写入“影响圈”。

2. 领导者要确保成员都清楚“关注圈”和“影响圈”的含义。不要以自己的价值观强加给成员，成员写出的“关注圈”和“影响圈”中的事情在领导者觉得有困惑时要及时询问原因，可以适当邀请成员进行分享。只要成员说的合理即可。

3. 向全体成员强调保密原则、不评价原则。

【活动扫描】

“关注圈”以及“影响圈”在成员自己画出、写出并分享之后能够清晰地看出成员每天的精力大致消耗在什么方面，是什么样的事情最能给成员造成压力，又有哪些事情是成员完全无法控制的。“影响圈”和“关注圈”这样的排版方式也会给人一种“影响圈”的事情处于更为中心重要的位置的感觉，让成员能够意识到不必因为无法控制的事情而过度烦恼，做好更为中心的“可控事件”更为必要。

在分享过程中也能够明显感受到，注意力集中在“影响圈”的成员往往压力要比注意力集中在“关注圈”的成员低一些。当我们在生活中把注意力集中在“影响圈”时，会感到相对更小的压力，并有较大的成就感。

本活动能较好地促进成员的自我觉察，并帮助成员反思如何更好地应对生活中的各种压力。

活动七　“撕碎”压力

【活动目的】

1. 促进成员对自身压力的觉察；

2. 通过小组交流让成员感受自己并不孤单，其他人也和自己有类似的压力源；

3. 用比较直接的方式宣泄压力，让成员领悟到：面临压力，与其压抑自己不如用简单直接的方式去宣泄。

【活动材料】中性笔、A3 白纸、书写板夹。

【活动场所】室内。

【活动时间】40 分钟左右。

【活动人数】不限。

【活动程序与规则】

1. 邀请成员在 A3 白纸上写下近期所有烦恼的压力事情和坏的感受，四周留白。

2. 写完之后团体领导者将全体成员随机分成 6~8 人的小组，小组成员围坐在一起。大家在小组内进行交流分享。交流分享的内容可以围绕自己写下的烦恼事件中的一两件，或谈谈自己完成步骤一过程中的感受，时间控制在 3 分钟以内。其他组员认真倾听，并给予适度反馈。

3. 小组派代表到大组中分享自己在活动中的觉察和收获。

4. 所有成员围成一个大圈。每个人尽情撕碎自己之前写着烦恼的纸，越碎越好。

并且一边撕一边念叨“离开我”“滚远一点”等成员自己想说的话。撕碎的纸屑每个人暂时放在一起。

5. 待所有成员完成撕纸后，领导者邀请大家抓起自己撕下的纸屑，使劲地向空中抛撒。

6. 结束之后可以邀请成员自愿分享一下感受。

【注意事项】

1. 抛撒纸屑的过程中要注意安全，成员之间要有一点的安全距离，以免抛撒时手臂打到其他成员。强调尽量不要往其他成员身上抛撒，避免纸屑可能伤到眼睛或皮肤。更重要的寓意是压力不能故意传给他人。

2. 活动结束之后做好环境的清洁工作。

【活动扫描】

将烦恼和不愉快写出来，既是一个明确压力的过程，也是一个“物化”的过程。白纸四周留白，会给成员一个“我在这里表达压力，但不会将它放大或强行渲染”的心理暗示。小组交流环节，很多成员会意识到，原来自己的烦恼或坏的感受并不一定是独特的，很多人都和自己一样有类似的烦恼，内心顿时感到轻松了很多。撕纸，将写满自己烦恼的压力事件和负面感受的练习纸撕碎并向空中抛撒，会给成员一种压力被摧毁、压力离自己远去的感觉。看着许许多多的碎纸片抛撒出去，犹如一个个的压力离自己远去。这个环节是一个比较直接的宣泄压力的活动。

在我们的生活中，压力往往带给我们很多不舒服的感受。我们就像一个气球一样，被压力撑得太满就有可能爆开，找到合适的途径把压力发泄出来是极其重要的。当生活中我们并不能清晰地“物化”压力，就可以用其他的方法宣泄，运动、在空旷地段大喊、去宣泄室打假人……很多方式都可以让我们发泄心中的压力，不过发泄的前提是安全且合理，不能对自己或者他人造成困扰。

活动八　放压气球

【活动目的】

帮助成员了解自身压力的大小，以及压力过大会给自己带来的负面影响，学习舒缓自身压力的有效方法。

【活动材料】 气球若干、短细绳若干。

【活动场所】 室内。

【活动时间】 30 分钟左右。

【活动人数】 不限。

【活动程序与规则】

1. 团体领导者给每位成员发放一只气球，一根细绳。

2. 每位成员根据自身感觉到的压力大小，把相应的压力吹进气球里。每个人独立地吹，不要看其他成员吹气球的情况。气球吹多大根据自己的实际压力状况自行决定，吹好后用细绳扎好。

3. 领导者请全体成员围成一个大圈，大家相互看看彼此手中气球的大小。

4. 全体成员随机分成 6~8 人的小组，小组成员围坐在一起，手持自己的气球，在小组内进行交流分享。交流分享的内容围绕自身的压力的来源、大小和带给自己的变化展开。每人用时 2 分钟。其他组员认真倾听，并比一比小组内谁的压力更大。

5. 将气球放置到一旁，稍后再做处理，小组接着讨论舒缓压力的有效方法。

6. 小组派代表到大组中进行交流，介绍小组内成员压力的各种来源以及减压的有效方法，并分享活动带给自身的感受。

【注意事项】

1. 提醒成员在吹气球的过程中注意安全。

2. 活动结束之后做好环境的清洁工作。

【活动扫描】

用吹气球的方法外化压力，每个成员可以对自身的压力有个直观化的感觉。压力本身是个体的主观感受，气球吹多大，完全取决于自己的内在标准。在分享中，有的成员担心自己吹出的气球比其他成员的大，可是一交流一对比，发现很多人的压力比自己的更大。即使是那些气球吹得很大的成员，交流之后也可能发觉自己的压力不一定是最大的。通过这个过程，很多成员心里轻松了不少，发现自己的压力并不是独一无二的，压力的大小和自己对压力事件的评价有关。

在讨论舒缓压力的方法时，小组成员群策群力，积极献策，思想的碰撞产生不少积极有效的解压方法。大家应对压力时，焦虑更少了，心态更平和了，办法更多了，信心更足了。

活动九　给自己“放放假”

【活动目的】

让成员认识到持续的压力会影响任务的有效完成；适当情况下给自己“放放假”有助于目标达成。

【活动材料】每人两本书。

【活动场所】不限。

【活动时间】30分钟左右。

【活动人数】不限。

【活动程序与规则】

1. 团体领导者先进行引导：在我们的生活、学习中，有着各种各样的压力，我们总会想：坚持一下，坚持一下，再坚持一下……以为只有这样，我们才能顺利地达到目的。现在，请大家跟着我的指示做。

(1)把你手边的书本当作最近让你烦恼但是你还在坚持做的一件事。

(2)背部挺直，坐在座位上。

(3)伸出双手，伸直，掌心朝下。

(4)将两书本分别放在左右手手背上。

(5)要求坚持这个动作8分钟，如果实在坚持不下去，可以放下。坚持完成的成员给予小奖励。

2. 再次游戏，领导者引导：我们是否想过，在适当的时候，做适当地调整，适当地缓解我们的压力，或许更有利于我们坚持更久，顺利地完成任务呢？下面请大家按照我的指示做。

(1)重复刚刚将书放在手背的动作，要求坚持的时间依然是8分钟。

(2)这一次中途休息两次，每次休息一分钟。

3. 小组讨论：做第二次和第一次任务时的不同感受。

4. 邀请成员自愿分享如何合理地释放压力。

【注意事项】

1. 提醒成员手臂一定要伸直，不能弯曲，背部也要挺直。

2. 对于不能坚持的成员不勉强。

【活动扫描】

一直紧绷的弦是最容易断开的。我们也像是一根琴弦，往往我们会让自己每时每刻都绷得特别紧，力求做得尽善尽美，但是这也带给我们很大的压力。就像此次活动，平时随随便便就能拿起的书本，在我们不愿意放下的条件下，也变成了一个可怕的压力。学会在适当的时候给自己“放放假”，缓解一下自己的压力，这可能会帮助我们更加顺利地完成任务，取得成功。

活动十 冥想放松法

【活动目的】

1. 了解放松在高压状态下的作用，让成员意识到关注自己、调节自身压力的意义。

2. 通过音乐、呼吸、指导语三者配合，感受冥想放松，让成员体验身心放松的感觉。

3. 有意识地在生活中用放松练习的方法舒缓压力。

【活动材料】舒缓的音乐。

【活动场所】安静无人打扰的室内。

【活动时间】40 分钟左右。

【活动人数】不限。

【活动程序与规则】

1. 领导者宣布活动要求：

(1)活动过程中关掉手机、闹钟等会发出声响的电子设备，保持室内安静。

(2)摘下眼镜、帽子、手表等身上的所有束缚物。

(3)调整坐姿，以自己最舒适的姿态坐好。

(4)活动过程中不能有意或无意地发出任何声响，以免破坏活动氛围。

2. 第一段指导语：(播放背景音乐——纯音乐《Uno》)。

请选择让你最舒适的姿势坐在椅子上，并将眼睛慢慢地闭上，此时，用心轻轻地去感受，你已经进入到了放松状态。

现在，请将注意力慢慢地放在你的呼吸上，用鼻子长长地吸气，吸足，再用嘴巴慢慢地慢慢地呼气。不需要很刻意，安安静静地，随着你的心跳起伏。吸气时，想象你把大自然新鲜的空气、灿烂的阳光，把舒服的感觉、愉悦的心情通过吸气带进体内，充满你的全身；在呼气的时候，请你想象把所有的烦恼、紧张和疲劳统统送出体外。生活中的所有不快与不适都离你远去。

关注你的每一次呼吸，此刻的你越来越放松、越来越舒服、越来越平静。

保持慢慢地、慢慢地吸气、呼气，随着我的声音，你慢慢地抛开任何想法，专注地和自己在一起。

也许你能听到其他不一样的声音，但是那都不重要，此刻的你更加专注于我的声音，慢慢地进入更舒服、更深沉的放松状态。

3. 第二段：(播放背景音乐——纯音乐《Life in Balance，Sea of Tranquility》)。

现在，请轻轻地将注意力放在你的头顶上，让你的头皮放松……头盖骨也放松……脖子放松，就像有两只小手在轻轻地按摩……肩膀放松……放掉肩膀的压力和紧张感。现在，你感觉自己像骨架散掉了一样放松。

你的左手放松，放……松……

你的右手放松，放……松……

你的背部放松，脊椎与背部肌肉都很放……松……

呼吸变得更深沉、缓慢

你的双腿放松，放……松……

每次当你呼气的时候，你会感觉自己越来越舒服、越来越沉重……

现在请你想象，你正站在楼梯上准备下楼，楼梯共有十级，我将会从十倒数到一，请放心，我会慢慢地，引导你一级一级往下走，每走一步，你会更加放松，更加舒服，随着我的声音，越往下走，你的心里会更宁静、安详。

4. 第三段：(播放背景音乐——纯音乐《Quiet Your Mind》)。

十，身心都感觉放松。

九，你感受到脑海里一片宁静祥和。

八，你越来越喜欢这种放松的感觉。

七，你感觉自己的呼吸越来越顺畅，每一次吸气都会有非常舒服的感觉。

六，你越来越深入地和自己在一起了。

五，你的全身都进入一种非常舒服且享受的状态，仿佛所有的压力和束缚都离你而去。

四，你十分享受并喜欢现在这种感觉，它轻松且舒服。

三，你仿佛回到心灵的故乡，那里安全又宁静。

二，你离深度放松越来越近了，自己正彻底放空，飘向天空。

一，好好享受现在的感觉……你即将走入心灵花园……去探索你的内心深处……

5. 第四段：（播放背景音乐——Bandari 的《回忆》）。

请你回想一次自己感到满足、快乐、舒服的经验，可能是妈妈在你放学时站在校门口接你的情景，或者是奶奶为你炖的香喷喷的瓦罐汤，或者是一种被信任、被维护的感觉，或者是挑灯夜战看一本你喜爱的小说，或者是和朋友在一起嬉戏的场景，也可能是……如果你想到了这么一件事，这么一段难忘的回忆，请想一想当时发生了什么？你那时的情绪有哪些变化呢？你的身体当时有什么感觉……轻轻地，慢慢地忘掉周围的存在，我希望你能牢牢地记住现在这个感觉，深深地记在你的潜意识中……

保持持续的深呼吸，此刻的你，心里越来越平静、安详，你觉得自己越来越有信心去面对所有的事情，你相信自己有能力做好自己想做的事情……记住，你一定会一天比一天更好。

6. 第五段：（播放背景音乐——Bandari 的《白沙湾》）。

等一会我将开始数数，从八数到一，当我数到一的时候，再请你慢慢慢慢地睁开眼睛，你准备好了吗？现在，我开始数数。

八，请继续保持放松而又平静的状态，让这种状态充满你的全身，浸透你的每一个细胞。

七，随着我的每一句话，你会觉得越来越放松，越来越平静。

六，你感到身心舒畅，十分舒服。

五，内心很宁静。

四，你会一次比一次放松。

三，请注意现在的感觉，将它记在你的心里。

二，你会一次比一次更加放松、舒服。

一……请你慢慢地睁开眼睛，伸伸懒腰，做个深呼吸，像我一样转动一下你的身体，看一看自己周围的伙伴，我们回来了！

7. 小组讨论放松过程中的感受，邀请成员自愿分享感受。

【注意事项】

1. 活动环境需要特别安静，不然会影响放松效果。

2. 领导者在读指导语的时候要注意语速、语调。

3. 音乐要和指导语匹配。

【活动扫描】

这个活动体验，基本所有成员都会觉得非常放松、非常舒服。轻柔舒缓的指导语加上合适的轻音乐会把人带入一种极其放松的状态。高压状态带给我们的焦虑、紧张被这种放松打破，体验会给成员留下很深的印象。很多成员都表示在这一次活动之后愿意用这种冥想的模式使自己放松，调整自己的压力状态。

有意识地自我调整，在我们应对压力的时候，是不可或缺的。冥想、瑜伽都是非常不错的减压方式。在我们刚刚开始练习放松的时候，有的成员可能一下子很难放松下来，进而出现一些烦躁情绪，但只要坚持练习一段时间，通常都会有不错的效果。

第六章 情绪管理类

情绪管理类活动，可以帮助活动参与者宣泄内心积压的负面情绪、掌握管理情绪的方式，增强调节情绪的信心。在现实生活中人们对于自身情绪的管理是存在差异的。有些人即使面临考试失利、恋爱分手、亲人逝世等负面情景，依然能通过认知重组、寻求外界帮助、合理发泄等方式较快稳定自己的情绪而不让情绪长时间影响到自己的生活和工作。但也有一些人因情绪调节与情绪管理能力差而影响了自己的生活和发展。情绪管理类活动通过寓教于乐的形式让参与者在体验中察觉、认识自己的情绪，利用团体资源找到更多情绪调节的方法，增强成员调节和管理自身情绪的能力。

活动一 欢笑进化

【活动目的】

调节情绪，制造愉快的气氛，温暖团体，感受笑的魅力。

【活动道具】无。

【活动场所】室内或室外的空场地。

【活动时间】10 分钟左右。

【活动人数】不限，20 人以上的班级或团队活动效果更佳。

【活动程序与规则】

1. 团体领导者向成员说明接下来会玩石头、剪刀、布的游戏。

2. 团体领导者示范以下动作和表情：

“不笑”——双手背在背后，面部表情严肃；

“微笑”——不能发出声音，真诚地微笑，左手做“八”字动作放于下巴处；

“嘻嘻笑”——左右手食指分别放于左右腮帮处，嘴巴可以吐气，发出“嘻嘻”声；

“哈哈笑”——嘴里发出“哈哈哈哈哈哈”的声音，哈哈笑时发出的“哈哈”声比“嘻嘻”声大，左右手掌打开至于左右耳侧并摇晃上身；

“嚯嚯笑”——嘴里发出“嚯嚯嚯嚯嚯嚯”的声音，摇头晃脑，上身前后左右摇晃幅度明显，双手可置于胸前；

“仰天长笑”——嘴里发出“哇哈哈哈”的声音，挥动双臂随上身上下摇晃，上身弯腰时双手拍击大腿。

3. 全体成员随机在团体里找一个同伴和他猜拳。首先的动作和表情为“不笑”，猜拳赢了进化为“微笑”；继续找同等级的同伴猜拳，猜拳赢了进化为“嘻嘻笑”；始终找同等级的同伴猜拳，进化到“仰天长笑”。

4. 进化到“仰天长笑”后，仍找同等级的同伴猜拳，赢了之后就可以坐下来了。

5. 从进化到“微笑”开始，在每一种笑的状态下保持15~20秒动作和表情才能再找同级别的同伴猜拳。

6. 在每一级猜拳输的人退化一级，继续猜拳。如在“嘻嘻笑”级别猜拳输的人退化到“微笑”状态，继续进化。

【交流分享】

1. 描述你参加这个活动的心情。

2. 这个活动给你哪些启示？

3. 你认为可以怎样来调节和管理自己的情绪？

【注意事项】

猜拳输的人退化几级可以灵活设置，但是不宜退化到“不笑”状态。因为这是一个调动情绪、温暖团体的活动，不宜让成员体验到挫折感，因此只退化一级比较合适。

【活动扫描】

这个活动特别能够调动团体气氛，让团体成员迅速放松心情，感受到活动的快乐。很多成员反馈，哪怕一开始是装出来的笑，对改善心情也非常有帮助。

活动二 “疯狂”动物园

【活动目的】

活跃气氛，缓解成员压力，训练幽默乐观的情绪。

【活动道具】无。

【活动场所】室内、室外均可。

【活动时间】10 分钟左右。

【活动人数】不限。

【活动程序与规则】

指导语：情绪具备两重性。正面情绪如乐观、幽默、兴奋可以在一定程度上激发人的创造力，而负面情绪如痛苦、恐惧、焦虑则会影响人的创造力和潜力发展。生活中我们每个人都会因各种各样的情境而产生情绪波动。下面这个游戏将会让你感受到积极情绪的魅力，锻炼你的幽默能力，缓解精神压力，帮助你更好地解决问题，培养乐观的情绪。

规则：

1. 每个成员根据自己的姓氏拼音的首字母决定自己要模拟的动物叫声。(见下表)

你姓氏汉语拼音的首字母	动物名称
A—F	猫
G—L	牛
M—R	羊
S—Z	鸭

2. 在团体中挑选一名自己不太熟悉的成员作为自己的伙伴。团体领导者宣布游戏开始后，每个成员和自己的伙伴需要盯着彼此看，同时两人大声模拟自己对应的动物叫，叫声至少持续 15 秒钟。

3. 领导者可以重复几次，每次可适当延长动物叫声的持续时间。

【交流分享】

1. 在模仿动物叫的时候你心里有什么感受？

2. 从一开始的尴尬到后来的满堂欢笑，你又有哪些体会？

【注意事项】

1. 有部分成员会觉得特别的尴尬可能不愿配合，领导者要及时进行引导，领导者可以在活动前示范不同动物的叫声。

2. 引导成员体验积极情绪带来的好处。

3. 也可以鼓励成员自己模仿其他动物的叫声，并告知自己的伙伴。

【活动扫描】

在活动刚开始的时候，有些成员觉得有些尴尬，担心自己模拟不好相应动物的叫声。在领导者的鼓励下，不少成员大胆尝试，模拟了表格以外各种不同动物的叫声，活动场面一度非常热闹，各种不同的动物声此起彼伏，形成了一首欢快的交响曲。在活动中会发现，在正面情绪之下的成员往往有一些“得意忘形”，在模仿动物叫声的时候会更有创造力，各种新奇的声音不断，大家都处在一种轻松、愉快的情绪中。

活动三 情绪脸谱

【活动目的】

引导成员结合生活实际，识别和体验各种不同的情绪，共同探讨应对消极情绪的方法。

【活动道具】各种不同情绪的卡片。

【活动场所】室内、室外均可。

【活动时间】30 分钟左右。

【活动人数】不限，可分成 6~8 人的小组。

【活动程序与规则】

1. 团体领导者展示不同的情绪卡片，邀请成员识别不同情绪卡片代表的情绪分别是什么。

2. 每个小组派一名代表到领导者那里抽取一张情绪卡片。各小组用非语言的形式，编排一个情境哑剧将抽到的情绪表演出来，其他小组成员来猜测该小组表演的情绪是什么。领导者事先可以准备小礼物，奖励表演优秀的小组以及猜对情绪的成员。

3. 小组成员头脑风暴：

(1) 生活中容易引发该种情绪的事件有哪些？尽可能罗列更多的事件。

(2) 当这种情绪出现的时候，有哪些有效应对的方法？

4. 大组的交流分享。每个小组派一名代表分享本小组讨论的内容。

【活动扫描】

通过这个活动，大部分成员能对不同情绪进行区分和识别。有的小组非常形象生动地展示了自己组所抽到的情绪，通过表演的方式，大家进一步学习表达和识别自己以及他人的情绪。通过联系自己的生活，在“头脑风暴”环节，各个小组集体智慧得到了充分的体现，大家对引发各种消极情绪的事件有了进一步的认识，也挖掘出了更多管理消极情绪的好办法，如面对焦虑，可以做呼吸放松、冥想、慢跑、找个无人的地方喊一喊、爬山、游泳、吃巧克力等。

活动四　光谱测情绪

【活动目的】

通过评估成员的情绪状态，促进成员对自身情绪的觉察。

【活动道具】红、蓝布各一块(可用红色、蓝色丝巾或围巾)，彩色粉笔一支。

【活动场所】可移开桌椅的教室或室外空地。

【活动时间】15~30 分钟。

【活动人数】不限。

【活动程序与规则】

1. 团体领导者根据场地的现状用粉笔在地上画两条长长的对角线，作为光谱线(如果画线不方便，也可以直接用指导语进行光谱线的说明)。

2. 领导者宣布进行第一轮光谱测量。领导者在其中一条对角线的一端放着蓝布，另一端放着红布。请每一个成员评估过去半个月自身的心情状态，红布代表 10 分，表示心情非常好；蓝布代表 1 分，表示情绪十分糟糕。在红布和蓝布这条连续的光谱线上，每个成员评估自己过去半个月心情的分值，并站到光谱线的相应位置。同样分值的成员水平站，也就是站立在一条与光谱线垂直的水平线上。领导者宣布开始行动后，全体成员禁言，在光谱线上找到自己的位置。站好后询问一下自己旁边的人是几分，如果站错了调整一下自己的位置。

3. 领导者采取自愿原则，随机邀请站在最低分位置的成员，请他来说一说自己的现状。其他成员转动身体朝向发言分享者并仔细倾听。领导者可以根据时间选 1~2 名成员做分享。

4. 接下来进行第二轮光谱测量。领导者分别将红布和蓝布放置在另一条对角线的两端。请成员评估消极情绪对自身的身心影响的大小。负面影响如：睡眠不佳，吃饭没胃口，头痛、胃痛，爱发脾气，情绪不稳定，做事爱拖延，丧失兴趣，脸上长痘痘或长斑等。同样蓝布代表1分，表示影响不大；红布代表10分，表示消极情绪对自己的影响很大。请成员在光谱线上找一个自己最合适的位置。站好后询问周围的人以保证自己站在正确的位置上。

5. 领导者邀请站在高分段的成员来分享情绪带来的负面影响表现在哪些方面。

6. 再次回到第一条对角线的位置，进行第三轮光谱测量。评估问题为：你对管理好自身情绪的信心有多大？10分代表信心十足（红布），1分代表没有信心（蓝布）。全体成员在光谱线上找到自己对应的位置。领导者可邀请高分段的成员和低分段的成员分别做交流分享。

【交流分享】

1. 做完三轮光谱测量，你对自己有哪些觉察？

2. 听到其他成员的分享，你有哪些感受和触动？

3. 回顾自己一段情绪管理的成功经历，当时你做了什么？对目前的情绪管理有什么启发？

4. 你还能想到哪些消极情绪的应对方法？

【注意事项】

1. 领导者强调消极情绪每个人都会存在，能识别和接纳它也是一种非常重要的能力。

2. 强调成员要严格遵守保密原则，活动结束后不能在其他任何场合谈论其他成员的隐私。可在活动开始环节每位成员签保密协议。

3. 在每位成员分享后，领导者都要带领大家对其分享表示感谢，感谢分享者对全体成员的信任。

4. 领导者强调倾听他人分享的重要性，引导成员思考自己在光谱线上所站位置的原因。

【活动扫描】

用数字量化的方式测量个体近期的心情，促进了成员对自身心境的觉察；思考消极情绪对自己身心的负面影响，有助于成员意识到识别和管理消极情绪的重要性。在大家的相互交流中，很多人发现自己并不孤单，大家或多或少都会受到消极情绪的困扰。分享的过程本身就是释放消极情绪的过程，达到了很好的宣泄效果。经过前两轮的测量和分享，很多成员对消极情绪更加接纳了，自己的焦虑程度下降了，管理好自身情绪的信心也随之增加。通过倾听他人的分享，其他成员情绪管理的方法对自身也很有启发作用，这就是交流分享的魅力！

活动五 我的情绪 ABC

【活动目的】

让成员明白引起我们情绪的不是事件本身而是我们对事件的看法。

【活动道具】中性笔、A4 白纸、书写板夹。

【活动场所】室内，室外均可。

【活动时间】30 分钟左右。

【活动人数】不限，可分成 6~8 人的小组。

【活动程序与规则】

1. 团体领导者邀请成员在白纸上写出三件最近令自己出现负面情绪如焦虑、难过、自卑、愤怒的事情。

2. 请成员思考并写下：每件事情发生的时候，自己头脑中的想法有哪些？事情发生后，自己当时的心情或行为。

3. 邀请成员想一想，如果现在对曾经遭遇的事情换一种想法，可以有哪些不同的想法？试着写一写。如果换了不同的想法，自己的情绪会有什么变化？

4. 成员在小组内交流心得，小组代表在大组中分享经验，领导者总结点评。

【交流分享】

1. 刚刚的练习你有什么发现？

2. 当我们替换了事情发生的原有想法时，自己的心情是否有了一些变化？

3. 是什么导致了消极情绪的产生？事件，还是对事件的看法？

【活动扫描】

开心时我们看到秋天的落叶，也会觉得这是唯美的意境、秋收的信号；不开心时，抬头看到蔚蓝的天空，也会想着蓝色代表着忧郁。我们自己的心境决定了我们能看到的“景色”。美国心理学家埃利斯创建了情绪调节的 ABC 理论。诱发事件 A(activating event)只是引发情绪和行为后果 C(consequence)的间接原因，而引起 C 的直接原因则是个体对诱发事件 A 的认知和评价而产生的信念 B(belief)，即人们的消极情绪和行为障碍结果(C)不是由某一诱发事件(A)直接引起，而是由经受这一事件的个体对它的解释和评价(B)所引起。通过这一情绪练习，可以帮助人们觉察自己的不合理信念，尝试用积极合理的信念对不合理信念进行干预，才能帮助我们尽快走出消极情绪的阴霾。

活动六　天使与魔鬼

【活动目的】

引导成员发现引起我们情绪的不是事件本身而是我们对事件的解释和评价，学习从积极、建设性的角度来看待问题有助于我们更好地管理情绪。

【活动道具】中性笔、白纸条。

【活动场所】室内。

【活动时间】40 分钟左右。

【活动人数】每组可为 7 人或 9 人(奇数为佳)。

【活动程序与规则】

1. 团体领导者先引导大家在小纸条上写上曾经令自己不开心的某件事，随后折叠起来，和其他成员的小纸条混合在一起。

2. 每位成员随机抽取其中一张小纸条(有可能巧合抽到自己写的)，并围绕纸条上写的问题展开讨论。假设小组人数为 9 人，首先由抽取纸条的人读出纸条上的问题，然后让他左边的 4 位成员(代表天使)和他右边的 4 位成员(代表魔鬼)交替发言，天使必须给与这个事件正面的解读或评价，而魔鬼则相反。在天使与魔鬼的激烈争辩结束之后，要求“当事人”(抽到纸条的人)总结出自己将如何应对此事，并判定出天使与魔鬼中胜利的一方。

3. 游戏最后比较天使与魔鬼谁获胜的次数更多。

【交流分享】

1. 纸条抽取人刚听到纸条内容的时候首先出现的心情是什么?

2. 当你写的纸条被抽取讨论后，你对自己遇到的事情的看法是否发生了变化?哪个发言最为打动你?

3. 这个活动带给你哪些启示?你有哪些发现?

4. 天使或魔鬼的想法在你遇到不开心的事情时，哪一种会对你更有帮助?

【注意事项】

1. 魔鬼与天使交替发言，避免出现争吵的可能性。

2. 控制发言时间。

【活动扫描】

大家对游戏形式较为好奇，所以积极性很高。在进行过程中，大家踊跃发言，设身处地地代入情境中去思考。“当事人”(抽到纸条的人)也认真聆听其他人的想法并且积极表达自己的看法。在分享过程中当事人很好地解释了自己的所思所感，天使或魔鬼的发言对自己的启示，顺利达到了此次活动的目的。

天使与恶魔的立场其实就是我们在面对事件时候的心态。不同人在对待同样的事物时，往往也会有不同的看法，这样也会引发不同的情绪反应。当我们对所遇的事情能尝试着从积极的、建设性的视角去对待，我们就可以尽快走出消极情绪的阴霾。对事件的不同解释或评价会直接影响我们的情绪，带给我们不同的情绪体验。

活动七　情绪遥控器

【活动目的】

帮助成员觉察自己的负面情绪，认识自身存在的非理性信念，并通过小组力量，尝试用合理信念取代不合理信念，体会不同的认知方式对自身情绪的影响。

【活动道具】“情绪遥控器”练习纸，中性笔。

【活动场所】室内。

【活动时间】40~60 分钟。

【活动人数】按照人数进行分组，每组 6~8 人为佳。

【活动程序与规则】

活动分两阶段进行：

第一阶段：

1. 给每位成员发放一张“情绪遥控器”练习纸(见图 6-2)。成员先完成练习的前三栏：在“烦心事”一栏上写出最近比较困扰自己的事情，最多只写三件；在“我的心情”栏写出该事件发生时你的心情；在“我的想法”栏写出该事情发生后，引发自身消极情绪的想法和认知。

2. 小组内交流分享。成员相互介绍自己最近遇到的烦心事、烦心事引发的情绪以及情绪背后的想法。

练习纸(建议用 A4 纸横向打印)：

"情绪遥控器"

烦心事	我的心情	我的想法	找错误	情绪遥控器(建设性的想法)	调整后的心情脸谱
例：失恋	伤心、绝望	我没有魅力	想法绝对，失恋不一定意味着自己没有魅力	1. 我们之间性格不合； 2. 我只是失去了一个不爱我的人； 3. 天涯何处无芳草； 4. 我仍然是一个有魅力的人，失恋的原因是多方面的，不能说明自己没有魅力； ……	

第二阶段：

1. 每位成员完成"情绪遥控器"中后三栏。"找错误"中写自己原有的想法中有哪些不合理的认知，团体领导者可事先向成员介绍不合理认知中常见的三大类型，即绝对化要求、过分概括化和糟糕至极。"情绪遥控器"栏尝试写下积极的、建设性的想法，用这些想法去取代之前不合理的"我的想法"。"调整后的心情脸谱"中画出认知调整后的情绪脸谱。

2. 每位成员依次向右传递"情绪遥控器"练习纸，同时收到从左边传递到自己手中的练习纸。每位成员帮助左手边成员完成练习纸中"找错误"和"情绪遥控器(建设性的想法)"这两栏；完成后继续向右传递练习纸，书写左侧成员传递到自己手中的练习纸，直到自己的练习纸再次回到自己手中。

3. 认真审视其他成员在自己的练习纸中添加的内容，看看自己的原有的不合理认知是否发生了改变，可在想法"调整后的心情脸谱"栏再次画出自己的脸谱图。

4. 大组交流分享成员的感悟和收获，领导者总结。

【注意事项】

1. “情绪遥控器”练习纸中“找错误”和“情绪遥控器(建设性的想法)”这两栏尽量留出较大空间，为活动第二阶段练习做好准备。

2. 活动前领导者可以对练习纸进行说明，重点讲解和示范“我的想法”“找错误”和“情绪遥控器(建设性的想法)”这三栏，以免成员觉得填写存在困难。

【活动扫描】

活动第一阶段，成员对自己过去的烦心事有了一定的梳理，促进自身对烦心事背后的想法的觉察；通过小组交流，负面情绪得到宣泄。活动第二阶段，成员通过找错误，对自身的不合理信念有了进一步的认识，学会尝试用积极的、建设性的想法去替代过去的不合理信念；通过发挥团体力量，每位成员都为其他成员找错误和寻找积极建设性的想法，拓宽了成员看问题的视角，协助成员认识到自身问题的解决方法有多种，有效实现情绪管理从互助到自助的转换。

活动八　焦虑应对

【活动目的】

通过紧张的氛围让成员体验焦虑的感觉，利用团体力量找到更多焦虑应对的方法。

【活动道具】纸条，A4 白纸，中性笔。

【活动场所】室内。

【活动时间】30 分钟左右。

【活动人数】不限人数。

【活动程序与规则】

1. 团体领导者宣读游戏指导语：

等会儿每个人会抽到一张纸条。有的纸条上有红心的标识，有的纸条上有黑心标识。如果你的纸条上有黑心标识，你将会被邀请坐到场地中间的椅子上。

坐到中间椅子上的成员要回答领导者事先准备好的一系列很私人化的问题。同时，其他成员也可以向坐在中间椅子上的成员提问。

所有成员都收到纸条后，同时打开纸条，但不能向他人暴露自己的纸条。

2. 分发纸条：

其实每张纸条上都有黑心的标识，这样每名成员都以为自己即将到场地中间面临被刁难，这会造成所有成员某种程度上的焦虑。这时领导者正式告诉大家：每张纸条上都有黑心标识。

3. 分小组依次交流以下问题：

(1)当你看到纸条时，你有什么感觉？

(2)过去自己是否有过同样或类似的感觉，然后发生了什么？

(3)当你感到紧张、焦虑的时候，你的身体、饮食和睡眠会有哪些反应？

(4)向你的组员分享以往你应对紧张焦虑的成功经验。小组记录本小组成员焦虑应对的有效方法。

4. 小组派代表到大组中进行分享，领导者总结。

【注意事项】

注意在一开始的抽纸条环节，领导者尽量表演逼真，不能让成员发现这是“骗局”。

【活动扫描】

在分享环节，有成员表示，在看到自己纸条里面的黑心标识时，心里七上八下、紧张、害怕，各种情绪都涌上心头，有成员甚至认为自己总是很倒霉。后面发现是“骗局”后，心里顿时松了一口气。

这个活动的重点放在后面的分享与讨论，在领导者依次给出交流讨论的问题后，成员们对焦虑情绪有了更多的觉察，比如紧张时有屏住呼吸、心跳加速、发抖、手心出汗、尿频等一系列身体反应，焦虑也会给我们的睡眠和饮食带来不同程度的影响。

当我们关注于自己以往应对焦虑情绪的成功经验时，我们发现每个人都有积极的资源，都或多或少有焦虑应对的有效方法。尤其是大家在小组中的分享，会发现原来每个人都有被焦虑困扰的时候，对自己会出现的焦虑情绪更加接纳了，同时不同成员应对焦虑的办法对其他成员管理好自己的消极情绪也有积极的借鉴作用。

活动九　交换心灵

【活动目的】

通过更换角色来转换角度思考自己问题，从对方扮演自己的角色体会到被人共情的感觉，从而调节情绪。

【活动道具】中性笔、白纸条。

【活动场所】室内。

【活动时间】20 分钟左右。

【活动人数】不限，两人结伴为一组。

【活动程序与规则】

1. 团体领导者给每位成员发一支中性笔、一张白纸条。成员在白纸条上写下自己最近产生负面情绪的事情，尽量具体。

2. 成员甲乙两两结对(可随机自选，也可领导者采用抽签的方法)，面对面坐在一起，相互交换纸条。

3. 成员甲根据纸条上的内容扮演结对成员乙的角色，向结对成员乙倾诉对方所遭遇的烦心事。此时要注意抛弃自己的角色，体会结对成员乙的苦恼，演绎好结对成员乙的角色。结对成员乙要认真倾听，安慰扮演自己角色的成员甲。时间为 5 分钟。

4. 5 分钟后，成员乙扮演成员甲，重复步骤 3。

5. 相互反馈：同伴遭遇的烦心事发生后情绪有哪些？同伴是否充分体会到你的心情？

6. 大组的交流分享：通过同伴的角色扮演，你对自己有什么发现？这个活动带给你的启发？

【注意事项】

1. 强调负面情绪事件要写具体，这样同伴才好根据情况进行角色扮演。

2. 活动人数若为奇数，领导者可以加入凑一对，或者邀请多出的成员做观察员。

3. 强调活动的保密原则。

【活动扫描】

本活动用小纸条写下自己近期遭遇的负面生活事件，然后随机与另一个人结成两人小组，通过角色扮演，在两个人的安全环境中，你的烦心事变成了别人的烦心事，你会有被他人理解的喜悦，这就是我们常说的共情。另一方面，你需要去安慰这个向你诉说心事的人，这会帮助你从更积极的那一面去看待自己的问题，最后发现，自己的事情好像也没有那么糟糕。这个把自己抽离出来的过程可能会有些困难，但是却有助于重新建构自己遇到的负面生活事件，也有助于自身情绪的调节。在活动的分享环节，大家纷纷反馈活动对自己的情绪调节起到了积极作用。当负面情绪来临时，我们可以尝试着问一问自己：假如自己的好朋友遇到了同样的事情，我会对他/她说什么？很多成员会发现，这样做自己会对自身的负面情绪更加接纳，内心的焦虑会下降，心态也会变得更平和。

活动十　静观关怀

【活动目的】

帮助成员学会关怀自己，接纳生活中会出现的不良情绪；反思自己出现不良情绪时内在的想法，尝试换位思考后对自身情绪调节的帮助作用。

【活动道具】无。

【活动场所】室内。

【活动时间】30 分钟左右。

【活动人数】不限，成员两两结对。

【活动程序与规则】

1. 每位成员调整自己的坐姿，以自己最舒服的姿势坐好，闭上眼睛，让自己慢慢放松下来。根据领导者的指导语，调整自己的呼吸，做几次长长的吸气和呼气。吸气用鼻子，呼气用口腔。吸气的时候感觉清凉的空气从头顶缓慢地灌入你的全身，呼气的时候感觉不适感从脚心慢慢地排出去。(适当停顿)

2. 继续闭着眼睛，回忆一件过去发生的事情。这件事是你自己过去做错或失败的一件事，或者是自己做得不太满意的一件事。如果用 0~10 分代表这件事的不满意程度(分数越高代表越不满意)，尽量选择 7 分以下的事件。回想一下这件事发生的时间、地点、场景，当时发生了什么？发生这件事情之后，你对自己说了什么？做了什么？(适当停顿)当你想到这件事的时候，身体哪个部位是不舒服的？仔细感受一下，你可以把手放到那个不舒服的位置，比如心脏、胃、脖子、肩膀都行。

3. 想完之后，再次把关注点放在自己的呼吸上，想象清凉的空气从头顶灌注进自己的身体，呼气的时候感觉把身体不舒服的情绪从脚心排出去。(适当停顿)试想一下，如果你很好的朋友遇到了和你同样的事情、同样的失败、同样的不堪、同样的错误，你会对他/她说什么？(适当停顿)感受一下你对朋友和对自己有什么不同？(适当停顿)

4. 然后你慢慢地对过去的自己说：我知道那一刻是不舒服的，其实所有的人碰到那样的事都不会舒服，愿我接纳自己，愿我接纳这件事，愿我原谅自己，愿我平静，愿我能够关怀自己(适当停顿)。感受一下自己的身体，你感受到从你手上传来的温暖。然后深吸气呼气(适当停顿)。

5. 睁开眼睛，找到自己的搭档。和自己的搭档说一说自己回忆到的事情以及刚刚做练习的感受。

【交流分享】

大组交流分享做此练习的感受与发现。

【活动扫描】

分享环节，不少成员反馈对自己有了新的认识。有的成员以前觉得自己比较善于关照自己，练习中发现自己远远做得不够，自己对自己往往更苛刻，很多时候对朋友比对自己好多了。

这个练习简单易行，当我们在生活中出现负面情绪时，可以静下心来想一想：自己身体哪里感到不舒服？如果这件事情发生在好朋友身上，我会对他说什么？这可以让你马上关怀到自己。练习当中，当你停下来，静观当下，能够去体验此时此刻的不舒服，同时你会意识到还有很多人都和你一样经历了类似的事件，自己并不孤单，从而更能善待自己，接纳自己。

第七章
学习管理类

学习是一种复杂的认知活动，学习效果受多种因素的影响。对学习者来讲，好的学习管理可以让人们在学习中事半功倍，拥有更高的学习效能感，提高学习效率。学习管理类活动，从学习时间管理、学习方法改善、合理归因、学习目标确立等多方面来引发学习者对自身学习活动的思考，让学习者认识到集中注意力、合理分配时间、运用各种学习策略及激发学习动机对学习的重要性。通过学习管理类活动，让参与者感受到学习管理对学习和生活的积极影响，在日常生活中可以合理分配、管理、节约时间，并利用自身资源，在学习中不断探索提高，充分发挥自己的优势，让自己在学习中“百尺竿头更进一步”。

活动一 时间馅饼

【活动目的】

1. 使成员们学会反思自己的时间安排，发现其中的漏洞与不足。
2. 激发成员们的时间管理与分配能力。
3. 通过时间管理更好促进未来的学习和生活。

【活动道具】中性笔若干、印有两个空白钟表的 A4 纸若干。

【活动场所】室内。

【活动时间】30 分钟左右。

【活动人数】不限。

【活动程序与规则】

1. 领导者为每位成员分发一支中性笔与一张印有两个空白钟表的 A4 纸。要求成员根据自己一天的平均活动状况，将各类活动所花费的时间按比例在圆内画出，圆内每格表示一小时，完成“目前的时间馅饼”图。

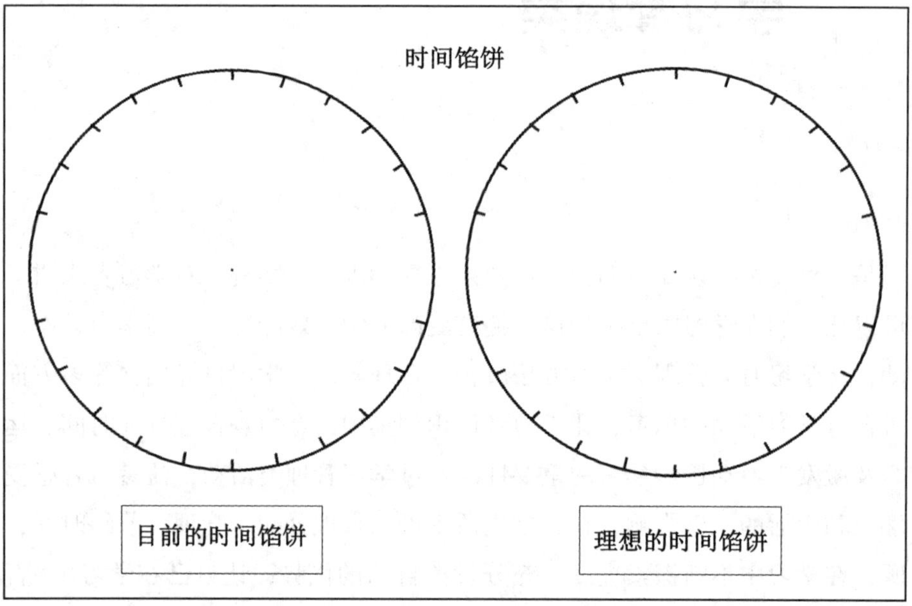

2. 完成“目前的时间馅饼”图后，领导者请成员们观看自己目前的“时间馅饼”，并思考：自己对目前使用时间的情形是否满意？自己理想中的时间分配与使用应该是怎样的状况？自己希望能花更多的时间做什么？目前可以减少做哪些事情的时间？每位成员根据自身实际，完成自己“理想的时间馅饼”图。

3. 完成“理想的时间馅饼”图后，领导者组织成员分小组相互交流探讨。

【交流分享】

1. 你理想中的时间使用情况与现实有哪些不同？你将采取哪些行动？

2. 如何改变你目前的时间使用情况，以让时间分配更接近你“理想的时间馅饼”图？

3. 活动过后，你是否意识到了自己时间管理的不足？

4. 这个活动带给你的感受有哪些？

【活动扫描】

本活动通过成员们自己制作“时间馅饼”，使成员主动意识到自己在时间管理上的不足，从而反思自我，重新调整自己的生活步调，努力找到合适的办法达到理想水平。

当成员认真地了解自己运用时间的情况，并了解其他成员的时间分配后，成员们会开始反思，在理想的生活安排中，哪些是生活的重心？工作、学习、社团活动、亲情、友情、爱情等，如何排出轻重缓急。好的时间分配，可以让自己生活更加充实，收获良多。

活动二　关注关键的 20%

【活动目的】

1. 引导成员们思考生活中值得关注且真正有意义的事情。

2. 锻炼成员们的事务安排能力。

【活动道具】A4 纸若干或"关注关键的 20%"练习卡、中性笔。

【活动场所】室内。

【活动时间】30 分钟左右。

【活动人数】不限。

【活动程序与规则】

1. 团体领导者为每位成员分发一支中性笔与一张 A4 纸。

2. 领导者引导成员进入活动：在我们的生活中，我们接触了很多新鲜事物，每位成员生活的元素也各不相同，有的人专注于学习，备战各种考试；有的人投身于社团组织、认真工作；有的人擅长搞研究；有的人热爱运动……现在请大家仔细回顾最近这段日子，大家在日常生活中都做了哪些事情。

3. 领导者宣读要求：请各位成员仔细思考后，在纸上写出近段时间占据你生活的七件事情。完成之后，请成员们继续思考，最能提升你的能力和价值的三件事是什么(真正想要做的、想要实现的三件事情)？请写在纸上。最后，请成员们比较实际上占据生活的这七件事和自己真正想做的三件事，算一算，自己为它们分别花了多少时间。

4. 最后，领导者组织成员对自己的思考进行讨论。

【交流分享】

1. 自己真正想要完成的三件事情，是否在实际完成的七件事情之中呢？如果不在，原因是什么？

2. 自己生活中占据主要的七件事情，有哪些可以换成自己真正愿意做的事情？之后你打算如何改变？

"关注关键的 20%"练习卡

生活中，你最需要关注的 20%是什么?!

第一步：占据你生活的七件事是什么?

请找出你这段时间都做了什么，写下七件事。

1. ______
2. ______
3. ______
4. ______
5. ______
6. ______
7. ______

第二步：最能提升你的能力和价值的三件事是什么?

写下为了实现你的目标，你真正最想要实现的三件事。

1. ______
2. ______
3. ______

第三步：比较你实际上做了的这七件事和你真正想做的三件事。

算一算，你为它们分别花了多少时间?

分享：你发现了什么? 比较之后有什么感受?

______

______

3. 活动过后，你有哪些思考? 你认为自己生活的重点是否偏离了轨道?

4. 这个活动给你哪些启示?

【活动扫描】

本活动通过让成员们写下他们生活中实际完成的七件事情与最想完成的三件事情，形成对比，引发成员们的反思。在日常生活中，太多不重要且无意义的事情堆积在我们的生活中，我们往往不懂得取舍，更没有将生活中需要完成的事情进行重要程度排序，导致我们失去了很多能够锻炼成长、提升自我的机会。

所以，我们需要用心地去发现去寻找，我们生活中真正有意义的那 20%，并用心去实践，抓住生活中最关键的部分，使我们的生活更加高效，使我们自己更有幸福感。

活动三　一日进度条

【活动目的】

1. 使成员们学会反思自己日常生活中管理时间的习惯与不足。

2. 激发成员们的时间管理与分配能力。

【活动道具】1 分米长、2 厘米宽的空白纸条若干。

【活动场所】室内。

【活动时间】30 分钟左右。

【活动人数】按人数进行分组，每组 8~10 人较为合适。

【活动程序与规则】

1. 各组成员围成圆形坐下。

2. 团体领导者为每位成员分发一张 1 分米长、2 厘米宽的空白纸条。

3. 领导者引导成员进入活动：一天总共有 24 个小时，假如我们把一天的时间当作一张纸条，纸条的每个部分都能代表我们生活中的每一件事情，比如读书、学习、睡眠、社团活动、朋友聊天、休闲活动、用餐、独处等每项活动所花费的时间，请你依据自己对日常生活的估计，将每项活动所花费的时间按领导者的要求撕去。

4. 领导者宣读要求：以纸条代表一天 24 小时，请根据自己一天的平均活动状况，按我的要求撕去相应的时间段。“睡觉、吃饭、玩游戏、刷视频、网络聊天、运动、社团组织工作、发呆……”，领导者询问成员们：现在请看看大家的纸条还剩多少？现在请大家继续将手里的纸条撕去非学习的部分，然后在小组内伸出你的纸条，与小组成员共同讨论，我们每天花在学习上的时间是否合理？

5. 领导者再次给每名成员发一张完整的纸条，请大家对比花在学习上的时间在完整一天中所占的比例。如果重新规划一次，你将会做怎样的调整，用中性笔画出新的时间分配比例，并在小组中展示交流。

【交流分享】

1. 活动过后，你是否意识到了自己时间管理的不足？

2. 面对自己第一张剩下的小纸条，你有何反思？你将采取哪些行动？

3. 你打算如何改变自己目前的时间管理情况，让时间进度条更接近你理想中的生活？

4. 这个活动还带给你哪些触动？

【注意事项】

1. 活动过程中可以播放轻音乐或与时间有关的音乐。

2. 团体领导者在发布撕纸条指令时，需要同时考虑到男女两性共同的生活习惯。

【活动扫描】

“时间都去哪了”，我们以为每一天都被规划得十分充实，但往往忽视了学习的重要性，平时不经意的小事情却在不知不觉中偷去了我们太多的时间。

通过本活动，可以让我们对自身的时间管理有更多的觉察，学会压缩时间，多留一些有意义的时间给学习。时间都是挤出来的，在活动中，有不少成员将撕去的碎片捡起来弥补学习上的时间，这就是自我反思，更是自我改善的第一步。成员们意识到自己在时间管理上的不足，反思自我，再次面对一张新的纸条时，成员们都重新调整了自己的时间规划，更合理地分配和管理自己的生活。

活动四 万能一分钟

【活动目的】

1. 使成员们意识到时间的重要性，学会珍惜时间。

2. 锻炼成员们的时间利用能力，在有效的时间里创造更大的价值。

【活动道具】A4 白纸，中性笔。

【活动场所】室内。

【活动时间】15 分钟左右。

【活动人数】按人数进行分组，每组 8~10 人较为合适。

【活动程序与规则】

1. 小组成员围圈而坐，团体领导者为每个小组分发一支中性笔和一张 A4 白纸。

2. 领导者导入活动：大家觉得时间重要吗？那么一小时我们能做什么？如果一小时可以写完五个高数题或写一份活动策划，那么一分钟我们又能做一些什么呢？别小看一分钟，我们现在来听一下和“一分钟”有关的小故事。

有一位记者去采访某位成功人士，成功人士打开门后对记者说：“先生，我只能给您一分钟时间。”这时，记者看到了成功人士身后杂乱无比的客厅，茶几上满是烟蒂，吃过的饭盒，地上也堆满了书籍、碟片。记者说：“先生，我是想采访您成功的经验，可是一分钟时间不够干任何事情啊。”成功人士说：“噢，这个问题啊，那一分钟后，我来回答你。”于是成功人士回到房间里并且关上了门，一分钟后，成功人士重新打开门，指着整洁一新的客厅看看表，对记者说：“看，一分钟刚好，这就是我成功的经验。”

3. 领导者引导讨论：大家听完这个故事，对一分钟是否有了新的理解？大家日常生活中的一分钟可以做哪些事情？请各位成员们仔细思考后，在小组内部相互交流想法并讨论，并把一分钟能做的事情记录在 A4 白纸上。

4. 每个小组派代表到大组中展示一分钟的新奇使用方式。

【交流分享】

1. 在日常生活中，你是否浪费了很多个不起眼的“一分钟”呢？讨论过后，你会如何改变自己的时间观念，好好利用身边的每一分钟？

2. 活动过后，你有哪些思考？珍惜时间也可以是珍惜亲人对我们的关爱、珍惜朋友为我们提供的精神支持等，为此，你有哪些新的思考？

3. 这个活动给你哪些启示？

【注意事项】

本活动也可以作为“时间管理类”活动的热身导入部分。

【活动扫描】

本活动需要大家认真严肃地进行，才能起到一定的效果。在活动中，部分成员不太重视“一分钟”的概念，还没有意识到生活就是由无数个一分钟所组成的，所以并不配合参与对“一分钟你能做什么”的思考，直到最后的小组讨论，被小组成员的收获所感染，才开始进行自我反思，真正意识到自己的时间管理能力存在不足，开始学会珍惜时间。

所以，当我们用心去发现去寻找生活中每一个有意义的瞬间，利用好生活中的每一分钟，珍惜时间，只有这样，我们才能使生活更加高效，进而使我们的生活充满获得感和幸福感。

活动五　节奏拍拍手

【活动目的】

1. 使成员们意识到学会把握学习生活节奏的重要性，为自己的学习生活做出合理规划。

2. 激发成员们意识到学习中寻求合作的重要性。

【活动道具】A4 白纸，中性笔。

【活动场所】室内。

【活动时间】40 分钟左右。

【活动人数】人数不限，两人一组。

【活动程序与规则】

1. 团体领导者将成员们两两分组，其中一人叫“我很自信”，另一人叫做“我很聪明”。

2. 领导者介绍规则：“我很自信”的动作是双手合于胸前，上下击掌，节奏为 1、2、1、2，上击掌时双手合十高于胸部；“我很聪明”的动作是左右击掌。节奏为上、上、上、中、下；下、下、下、中、上，其中，上中下方位即为“我很自信”的手掌击掌的上方、中部和下方。

3. 成员们有 5 分钟的练习时间，游戏过程中“我很自信”和“我很聪明”的手不能发生相互触碰。游戏正式开始后，领导者观察配合得好或不好的搭档。

4. 邀请成员分享游戏体验，可围绕如何更好地完成该游戏、游戏带给你的启发等话题进行。

5. 请成员在 A4 白纸上制订近半年的学习计划，计划制订尽量符合目标管理的 SMART 原则。

6. 成员四人为一组，在小组内介绍自己的学习计划。

7. 邀请部分成员在大组中展示自己的计划，并开展交流与讨论。

【交流分享】

1. 在拍手掌环节，你碰到对方的手掌后，有何反思？生活中的节奏被打乱后你是如何处理的？

2. 你打算如何规划好目前的生活？

3. 活动过后，你是否意识到了自己的学习生活也需要有规划有安排地进行？

4. 这个活动带给你的感受有哪些？

【注意事项】

1. 领导者在活动过程中需要引导成员，使其明白游戏的目的。

2. 注重示范，以帮助成员们更加了解游戏规则。

3. 领导者对成员的学习计划可以给出指导性意见。

【活动扫描】

本活动通过团队成员间的击掌小游戏，间接地让团队成员明白学习、生活也如同游戏一样，需要把握节奏，做到张弛有度，不能过于着急，也不能盲目乱撞。生活应该是有规划有安排的，多多与身边的人交流探讨，商量磨合，就可以形成一个属于自己的良好生活规划。

通过本活动，成员们意识到，有时候我们自身的节奏和规划会受到周围人的影响，学习过程也是和大家一起共同进步的过程。既要把握好自己的节奏，也要善于和其他人协调配合，利用身边的力量，注重成员间的合作，才能更好地实现学习目标，促进个人充分发展。

活动六　我来帮帮你

【活动目的】

1. 使成员们意识到学习生活中团结互助、资源共享的重要性。

2. 锻炼成员们的团队合作与资源利用能力，让成员们在共享资源的过程中体会助人与被帮助的快乐。

【活动道具】固体胶一支、记号笔一支、尺子一把、剪刀一把、彩色卡纸若干。

【活动场所】室内。

【活动时间】30 分钟左右。

【活动人数】按人数进行分组，每组 8~10 人较为合适。

【活动程序与规则】

1. 团体领导者为每组随机分发彩色卡纸若干，随后将孤品道具随机分发到各组，保证各组道具不相同(如第一组发一个固体胶，第二组发一支记号笔……)。

2. 领导者宣布规则：现在请大家利用手里的道具，五分钟内讨论出一个能代表你们小组特色的立体图案(此阶段不能开始动手做)。随后，全体成员禁言，并开始用彩色卡纸和其他道具剪裁粘合，拼凑出之前共同商量出的图案造型，最后用记号笔在作品上写下你们的小组名。如果大家需要用到其他道具，需要去与其他小组成员协商，但不能说话，需使用非言语行为进行沟通交流。完成时间为 15 分钟。

3. 小组派代表展示本小组的设计图案。

【交流分享】

1. 在活动过程中你有什么感受？这个活动带给你的体会有哪些？

2. 活动过后，你对于学习过程中"资源共享"有哪些新的思考？

3. 助人与被帮助给你带来的感受有哪些不同，在活动中是如何体现的？

【注意事项】

各小组在完成图案设计过程中，全场都需要保持安静，不能使用语言交流，领导者要特别注意做好监督工作。

【活动扫描】

在任务完成过程中，不同小组内的合作与任务分工不同，有的小组会事先拟定对外交流人员，由该成员去其他小组沟通交换所需要的资源。有的小组认为自身资源对于完成活动任务已足够，为了打压其他小组，使自己小组的利益最大化，不愿意将本小组的道具借给其他小组；有的小组认为相互借用道具不影响本小组作品的完成情况，愿意和其他小组交换分享。领导者在分享环节可以把任务完成环节看到的不同现象进行反馈，并引导大家联系实际学习生活，强调合作双赢的重要性。

与他人方便，就是与自己方便。乐意分享资源，是一种大度的胸怀。在学习生活中，当他人需要帮助，你的耐心讲解和指导，不仅可以帮助他人，也有助于自己加深对知识的认识，获得他人的欣赏与尊重。资源共享，合作共赢！

活动七 找到出口

【活动目的】

1. 使成员们学会稳定自己的注意力，并探讨适合自己的提高注意力的方法。

2. 引导成员们养成良好的专注习惯与处事态度。

【活动道具】印有材料图片的 A4 纸若干、中性笔若干。(图 7-3 图片材料为 25 条杂乱无序的曲线，左右两边分别对应着细线的起端和末端，起端均标有序号)

【活动场所】室内。

【活动时间】20 分钟左右。

【活动人数】人数不限。

【活动程序与规则】

1. 团体领导者为每位成员分发一张印有材料图片(图 7-1)的 A4 纸和黑色签字笔，分发时反面朝上。

2. 成员们需要在音乐响起时，开始寻找左边各条黑线分别对应右边哪一个出口，找到后将对应的号码标在右边出口的空格内。

图 7-1　杂乱无序的曲线

3. 领导者需要向成员们强调，不允许用手或者笔来描画轨迹找到出口。

4. 领导者引导成员在 10 分钟内完成前 20 条细线的轨迹寻找后，要求成员们停止搜寻，不允许成员之间相互讨论，或者核对序号。领导者引导成员们针对活动过程中的专注力与做事效率进行讨论与交流，反思感悟，最后总结适合自己的技巧与方法。

5. 领导者引导成员们进行下一步：完成最后五条曲线的一一对应，感受本轮的专注力与速度。

【交流分享】

1. 在第一轮任务中，音乐对你来说是否成为了一种干扰？你的专注力被影响了吗？是否还存在其他干扰因素？

2. 和第一轮任务相比，第二轮中你有哪些变化？

3. 学习过程中，你认为专注度会受到哪些因素的干扰？

4. 怎样才能帮助自己在面临任务的时候能聚心又凝神？

5. 这个活动带给你的感受还有哪些？

【注意事项】

1. 保证每轮游戏同时开始，统一结束。

2. 领导者需要在活动过程中注意观察各位成员的专注力变化过程和出现的问题，在讨论交流时总结点评，引发成员们的思考与自我反思。

【活动扫描】

本活动的顺利完成需要成员具备极高的专注力与抗干扰的能力。由于25条细线杂乱无序、曲折环绕，十分考验成员们做事专心的态度与习惯，所以在活动过程中，不少成员因为不够专注，没有进入状态，他们的视线在细线上发生移位或者错乱，只好从头开始继续探寻。

活动中的音乐对于成员们来说，可以是一种干扰，也可以是一种助力。良好的心态，甚至可以化干扰为力量，成员们进入状态后，就能抵抗一切外在或内在的干扰因素，顺利地完成游戏。所以，培养良好的专注习惯与处事态度十分重要，要学会稳定自己的注意力，并寻找适合自己的提高注意力的方法，克服学习中的干扰因素，可以帮助我们提高学习效率。

活动八 方法千千万

【活动目的】

1. 使成员们学会打破思维定势，培养创新能力，激发思维与创造力。

2. 锻炼成员们的思维转换能力，让成员们在多次尝试的过程中体会打破思维定势的快乐。

【活动道具】钥匙扣若干。

【活动场所】室内。

【活动时间】20 分钟左右。

【活动人数】按人数进行分组，每组 6~8 人较为合适。

【活动程序与规则】

1. 团体领导者将成员们分成人数均等的各个小组，每组 6~8 人较为合适，每组随机分发两个钥匙扣。

2. 领导者宣布规则：各组成员需要将两个钥匙扣放在地上，然后对两个钥匙扣依次运输，各组的站位由组内自己决定。运输过程有两个要求：①钥匙扣必须接触到每个成员的手；②钥匙扣必须按成员站立的一定顺序运输。各组可以不断创新，讨论研究出不同的运输传递方法，在最短时间内完成运输的小组获胜。

3. 领导者在游戏过程中，要用言语不断引导各组成员，激发他们打破定势思维的能力，研究出更新颖更省时的方法，比如“还能再缩短时间！”“再想想其他办法，很接近最短时间了”“你们小组还有潜力可以发掘！”

4. 领导者组织各小组展示“最佳方案”，交流心得体会，分享各组的经验与感悟。

【交流分享】

1. 活动过程中，你们最终的方法和最初的方法相比，有哪些进步？这些归功于什么？

2. 在日常生活中，你是否经常被思维定势干扰？

3. 活动过后，你对于“打破思维定势”有哪些新的思考？

4. 创意的力量给你带来的感受有哪些？在游戏中是如何体现的？

5. 领导者可以与成员们交流最快速的方法：不再采取依次传递的方法，每个成员将手弯曲成圆形合拢，从下往上叠在一起。让两个钥匙从高处自由落体运动，穿越进成员们用手叠成的“圆筒”，既满足钥匙扣必须接触到每个同学的手的条件，也满足钥匙扣必须按顺序运输的条件。本方法用时仅需 0.5 秒。

6. 这个活动给你哪些启示？

【注意事项】

1. 钥匙扣必须接触到每个成员的手。

2. 各组的运输方式均需原创，不能抄袭其余组的方式。

3. 也可以用乒乓球或网球替代钥匙扣，实际道具可以根据成员特点和道具获取的便捷性来定。

【活动扫描】

本活动很考验团队成员的思维能力，在活动过程中，成员们很容易思维定势，大多数小组都会站成一列然后依次运输钥匙扣，这是最原始最传统的运输方法，十分耗时且创新不足。

在团体领导者的鼓励与引导下，各小组不断尝试，慢慢找到了更多有创意的方法来运输钥匙扣，耗时越来越短，成员们也在这其中感受到了思维变通的重要性，不断发散思维，研究更新颖的点子，从而更快更好地完成游戏任务。因此，在我们日常的学习中，思维定势会对问题解决带来一定影响。我们要意识到思维定势对自身的影响，锻炼自己的思维转换能力，积极尝试新办法，体会打破思维定势的快乐。

活动九 合理归因

【活动目的】

1. 使学生通过活动了解自己日常学习中的归因方式。

2. 激发学生意识到合理归因的重要性，并认识到不合理归因的负面影响。

【活动道具】学习归因表

【活动场所】室内。

【活动时间】40 分钟左右。

【活动人数】人数不限，6~8 人一组较为适宜。

【活动程序与规则】

1. 团体领导者以某名学习遇到困难的学生的故事作为导入，故事可由领导者创编。参考故事如下：

小 A 同学从小学习一直很优秀。可是进入初中以来，发现周围比她优秀的同学越来越多。第一次期中考试，她考得很不理想，成绩排名在班上倒数，她非常沮丧。自感学习压力很大，任务繁重。当看到同桌每次做作业比她快时，就觉得自己比较笨，学习能力不行，对自己未来的学习有点失去信心。

2. 小组讨论分享：小 A 该怎么办？你想对小 A 说什么？

3. 领导者给每位学生发放学习归因表，学生结合自身实际思考影响自己学习的原因，在符合自己情形的后面打“√”。

学习归因表

序号	成绩不理想的原因	符合情况	序号	成绩不理想的原因	符合情况
1	课程内容枯燥		11	喜欢打手机游戏	
2	班级学风差		12	心情容易波动影响了学习	
3	老师的教学方法不适合自己		13	学习方法存在问题	
4	讨厌任课老师		14	能力差，智力平平	
5	父母不督促自己的学习		15	恒心、毅力不足	
6	父母无法指导自己的学习		16	自己不够努力	
7	考试难度大		17	身体不好影响了学习投入	
8	运气不好，考试前生病了		18	学习兴趣缺乏	
9	运气不好，考了很多没复习到的内容		19	学习基础不好	
10	家里环境差，无法学习		20	学习目标不清晰	

4. 每位同学统计1~10条中自己打勾的数量和11~20中自己打勾的数量，并在所选的内容中再次选出最重要的五点原因，并对这五点原因按照对自己学习成绩的影响程度进行排序。如果还有其他原因影响学习，可以写到表格下面。

5. 小组交流分享：

对比自己前十条和后十条中的勾选，你有什么发现？

影响你学习成绩的五点主要原因是什么？你的归因对自己以后的学习会产生什么样的影响？

什么样的学习归因方式，会对自己的学习产生积极的影响？

6. 大组交流分享，领导者总结。

【注意事项】

团体领导者要注意引导学生从自身内部找原因，激发学生的责任意识，同时要注意维护好学生的自尊与自信。可从心理学家韦纳的归因理论出发帮助学生形成合理的归因方式。

【活动扫描】

在日常学习生活中，大多数人会对于自己的成败进行归因。不同的归因方式会对后继行为产生重大影响。如果学生把成绩不好归因为自己的能力差，不擅长学习，就会丧失学习的信心，导致学习动力不足；如果学生认为是自己运气不好，考前身体不适而影响了发挥，则会相信自己下次可以取得更好的成绩。

学生学习的成功与失败是由多方面因素共同影响的。能力、任务难度、运气、努力程度、身心状态、外界环境都会对学习造成影响。要客观分析影响学习成败的原因，既要从自身找原因，也要客观认识环境因素的影响，不抱怨，不自责，尽量找可以改变的原因。把成功归因于自己的努力和能力强，把失败归因为努力不足或方法不对等。在活动中，很多学生对影响自己成绩的原因进行了重新思考，认识到合理归因的重要性。无论成功与失败，只有进行全面且合理的归因，才能使我们更好地认识自我，收获成长。

活动十 玩转河内塔

【活动目的】

1. 使成员们意识到学习生活中目标的重要性，培养成员制定合理的学习目标并执行目标的能力。

2. 引发成员思考自己的学习动机，激发成员学习的内部动力。

【活动道具】河内塔若干套。

【活动场所】室内。

【活动时间】40~60 分钟。

【活动人数】不限，人数多可分组，每组 6~8 人为宜。

【活动程序与规则】

1. 小组成员一起完成河内塔(图 7-2)活动。

图 7-2 河内塔

河内塔活动规则：

(1)根据参加活动的成员年龄选择圆盘的数量。建议小学生选择大小不同的圆盘4个，中学生以上人群5个或更多。

(2)小组成员共同完成移动圆盘的任务，将圆盘移动到另一根柱子上。移动过程中，始终保持大盘在下，小盘在上。可以利用另一根空白柱子，但任何一步均不能违反“大盘在下，小盘在上”的规则。

(3)小组内先完成，再邀请成员上台展示。

2. 交流分享：

(1)在活动中你有哪些体会和感悟？

(2)结合自己平时的学习，这个活动可以给你的学习带来哪些启发？

3. 团体领导者根据成员的反馈进行引导性总结。如学习过程中，要明确自己的学习目标是什么；目标的设定要循序渐进，对目标进行分解；目标实现过程中遇到困难时要坚持，不要轻易放弃；学习目标对学习动机的激发作用等。

4. 小组讨论：我为什么而学习？我为什么读书？我的学习目标？什么样的学习动机能更有效地促进我们的学习？

5. 大组交流分享，领导者总结。

【注意事项】

1. 注重让成员畅所欲言，尊重各种不同的想法和观点，营造安全、包容、开放的氛围。

2. 河内塔活动尽量提前准备充足的道具，避免成员因没机会参与而缺乏切身感悟，影响辅导目标的实现。

【活动扫描】

本活动从“河内塔”游戏导入，使参与成员意识到学习有方向有目标的重要性。我们的生活就像旅行，目标是我们前进的方向，有方向有目标会让我们走得更远。没有目标，学习的动力会不足，遇到困难容易打退堂鼓。我们应该对学习生活中的每一件事都做好相应的规划与安排，对自己的未来制订合理的计划，并为之不断努力。

为什么读书？这是拷问每一个学习者的问题。每个人对学习动机的回答可能都不一样。学习动机是推动着我们学习的一种力量，不同的学习动机对人们的学习行为会产生不同的影响。有的人学习的动机可能来自于外部，如得到老师的表扬或父母的认可；有的人学习动机来源于自身内部，如对学习的内容感兴趣、追求个人的自我实现等；有的人学习动机远大，对自己行为的作用时间长；有的人关注当前，希望获得一个更好的考试分数……本活动让每一位成员对自己的学习动机有了更多的思考，以及学习动机对自己学习行为的影响。在与其他成员的交流中，感受激发学习动机对自身学习有重要意义，认识到远景性动机对学习行为的持久作用。

第八章
自我探索类

古希腊阿波罗神庙刻有七个字："人啊，认识你自己。"在我们不断向外界探索的过程中，有时可能会迷失在繁杂的外部世界，而渐渐忽略对自己本身的探索。苏格拉底认为："世界上最难认识的还是自己，人生最大的误区就是你自己。"心理学家霍尼坦言："一个人想要真正成长，必须在洞悉自己，并坦然接受的同时，又有所追求。"自我探索类的活动可以帮助个体加深对自己以及自己与周围世界关系的认识，增进对自己存在的觉察。"我是谁？""我的人生目标是什么？""我为什么而奋斗？""如何拥有一个更好的人生？什么才是更好的人生？"这些是每个人会扪心自问的问题。每个人的一生始终都在探索自我、实践自我、完善自我。自我探索活动可以帮助参与者如实观照自己，使得参与者在活动中对自身进行思考、感悟，从而对自己有一个更加深刻、完整的认识，帮助参与者一步一步走向更加完善的自己。

活动一　动物大聚会

【活动目的】

让成员在初步相识的基础上，加深成员的自我暴露程度，促使其更深入地自我探索。

【活动道具】A4 白纸或扑克牌大小的卡片纸若干，水彩笔。

【活动场所】室内。

【活动时间】20~30 分钟。

【活动人数】不限，人数多可分组。

【活动程序与规则】

1. 团体领导者根据参加活动的总人数将成员分成 8 人左右的小组，每个小组组成一个“动物园”。

2. 将每张 A4 白纸对折平分为 4 份，每位成员发一张。每组一盒水彩笔。

3. 每位成员思考：假如用一种动物来代表你自己，你会选择哪一种动物？请大家迅速把这种动物用水彩笔大大地写在分发的卡片纸上。

4. 每位组员都写完后，全体组员同时在小组内亮出代表自己的动物。

5. 小组内交流分享。分享内容：我是什么动物？为什么用这种动物代表自己？我这只动物在这个小动物园里感觉如何？

6. 大组的交流分享。分享内容：这个练习带给你什么样的觉察、启发？通过这个小小动物园，你对自己、对小组的成员、对这个团体，有哪些发现和思考？

【活动扫描】

这是一个促进自我探索的练习。一个小小的动物园，我们可以讨论的有很多。很多小组每个人选的动物都不一样，大家所选的动物往往和自己的一些愿望、想法、过去、性格、期待有关。活动能映射出每个人生活里的一些东西，加深成员对自己的了解。该活动特别适合在团体初期进行。在团体初期，要组员直接向其他人介绍自己，对某些人来说还有难度。而通过一个动物来代表来隐喻，相对比较容易一些。代表自己的动物是现实的你？还是理想中的你？如果是现实中的你，那你满意吗？如果是期待中的你，那当前你在现实中有什么问题，使自己做不到那样一个理想期望的你？你觉得你可以做一些什么样的努力，使自己朝向一个理想的我？这个活动可以引发思考和讨论的问题有很多。活动也可以让成员们认识到每一个人的独特性，每个人都是独一无二的。即使是相同的动物，但是每个人描述出来的都不一样。同时，也让我们看到我们在这个过程中是怎样去评价自己的，怎么去期待我们自己，甚至还可以看到生活中自己的某种关系。

活动二　20 个“自我”

【活动目的】

促进成员更深入地探索自我、认识自我并积极悦纳自我。

【活动道具】A4 白纸、中性笔若干。

【活动场所】室内。

【活动时间】30~40 分钟。

【活动人数】不限，人数多可分组，每组 6~8 人为宜。

【活动程序与规则】

1. 团体领导者根据参加活动的总人数将成员分成 6~8 人的小组，并为每位成员分发一张 A4 白纸和一支中性笔。

2. 每位组员以“我是一个……的人”为格式，在白纸上写 20 个句子，时间控制在 10 分钟为宜。

3. 每位组员都完成后，由团体领导者引导组员依次在小组内做自我分享和反馈。

【交流分享】

1. 写的过程中你有哪些感受？写完后的心情如何？你对自己有什么发现？

2. 我们对自己的 20 个评价源于什么？

3. 这 20 个“自我”中哪些让你感到比较舒服？哪些会有一些不舒服？

4. 这 20 个自我评价是否与组员的反馈有所出入？其原因是什么？

【注意事项】

1. 完成 20 个句子时要完全顺从自己的感觉，可以多于 20 个句子，如果觉得写的过程中很难，请努力地描写，不要轻易放弃。

2. 每个成员先独立完成 20 个对“自我”的描述，切勿与其他组员交流商量，以免受到他人的影响。

3. 在组员分享时，分享重点放在感受的表达，每个成员不一定要向组员展示自己的 20 个“自我”。

4. 分享环节，领导者要引导其他组员给予适当的反馈，保持尊重倾听的态度，可以表达自己的感受，但不要带有攻击性。

【活动扫描】

每个人都是一个独特和丰富的个体，由许多外在特征和内部特质所构成。对自己进行一次积极的自我探索，有利于个体更充分地了解自我，并对自我特质和潜能有一个清楚地认知。

通过深入的自我探索，很多成员察觉到了在日常生活中容易被忽视的优点与不足，通过组内分享，大家发现每个组员的特质都有所不同。所以，意识到我们都是世界上不完美的一员，也是世界上独一无二的个体。坦然接受自身不可逆转的不足，更享受因自身的独特性而体验到的丰富多彩的生活。

活动三　多维的我

【活动目的】

通过自我评价与他人评价、现实自我与理想自我的对比让成员对自己有更全面的认知。

【活动道具】A4 白纸、签字笔若干。

【活动场所】室内。

【活动时间】30~40 分钟。

【活动人数】不限，人数多可分组。

【活动程序与规则】

1. 团体领导者根据参加活动的总人数将成员分成 8 人左右的小组，每位成员取一张 A4 白纸和一支中性笔。

2. 团体领导者带领成员做表象训练。成员以自己最舒适的坐姿放松身体，闭上眼睛。领导者说出三个人物，分别为一个你最喜欢的明星(如明星成龙)、成员自己的母亲、成员自己，让成员在脑海中依次再现这三个人物的外貌、声音和体态。每个人物的再现时间控制在 1 分钟内。

3. 请每位成员分享体验并思考：为什么前两个人物的表现再现可以快速形成，而对自己的再现却模糊且缓慢？

4. 引导成员将 A4 白纸等分为 3 份，分别在 3 张白纸的左上角写上“理想中的我”“现实中的我”以及“他人眼中的我”。

5. 成员先在第一张白纸上描写理想中的我，完成后将纸张反盖在桌面上搁置一旁。然后在第二张白纸上描绘现实中的我，完成后请小组其他成员在第三张白纸上填写对于成员自己的评价。最后将 3 张纸一同放在桌面上，观察对比三个“我”的共同点和差异点，对于不协调的地方尝试找出原因。

【交流分享】

1. 看到三个不同的“我”，你产生了哪些感觉？

2. 这个活动带给你哪些启示？

3. 你觉得可以通过哪些措施和途径使三个“我”更加协调？

【注意事项】

表象训练中的前两个人物可以根据组员的年龄结构和家庭情况进行人物替换，避免影响活动预期效果。

【活动扫描】

正所谓"当局者迷，旁观者清"，我们对于自己的评价往往不够全面。正如马来西亚的一句谚语所说："天上的繁星数得清，自己脸上的煤烟却看不见。"由于人们习惯于从主观上审视自身，对于自己的评价难免有所局限。在成长的道路上，我们穷尽一生都在认识自我、追求自我以及实现自我，然而这个过程还需要他人的评价来整合自我认知，使之更加真实和客观。

活动四　背后留言

【活动目的】

帮助成员正确、全面地了解自我，培养成员正确、客观地看待他人评价的能力。

【活动道具】A4 白纸、中性笔、桌椅若干、背景音乐、多媒体。

【活动场所】室内。

【活动时间】40~50 分钟。

【活动人数】30~50 人为宜，成员之间相互熟悉，如班级成员或工作团队。

【活动程序与规则】

1. 团体领导者根据参加活动的总人数将组员随机分成 6~8 人的小组，为每位组员分发一张 A4 白纸和一支中性笔，并请每位组员在 A4 白纸的左上方写上自己的姓名。

2. 领导者根据小组人数在活动场地的前方摆放相应数量的桌椅，并播放舒缓的背景音乐。

3. 领导者邀请一个小组的所有成员上前，将写有自己姓名的 A4 白纸分别放置在桌前并背朝桌子入座，在未收到领导者转身指令前不要回头看。

4. 领导者邀请在场所有其他小组成员根据自己的意愿为该小组成员在其 A4 白纸上留言。留言内容可以是该成员的优点、对该成员的的期待或最想说的话，写完后不用签名。如果不想给某位成员留言，也可以不写。

5. 其他小组成员对该小组的留言结束后，领导者询问本小组成员，是否有人特别想为本小组的某位成员留言，如果有，可以举手示意并绕到桌子前为本组其他组员留言，留言完回到原来座位上，再由下一位想为本小组组员留言的成员来留言。

6. 对该小组组员的留言全部结束后，领导者示意小组成员转身收回自己的 A4 纸，并邀请下一组的成员入座接受其他小组成员的留言，如此反复直至所有人都有被留言的经历。

7. 在整个留言活动环节，全体成员保持安静，不做任何交流。

8. 领导者引导各小组进行小组交流分享，并邀请几位组员到大组进行分享。

【交流分享】

1. 可以分享大家给你的留言吗？大家眼中的你与你所认识的自己是一致的吗？哪些评价让你感到新颖，而且又确实符合自己？

2. 看到大家给你的留言，你有什么样的感受？

3. 在这些留言中，有没有你从未注意，而在他人眼中亮眼的优势或特长？

4. 如果你没有收到评价，或者收到评价很少，你觉得可能的原因是什么呢？

5. 通过这个活动体验，你还有哪些感受和发现？

【注意事项】

1. 本活动具有一定的开放性，需要组员之间彼此熟悉。在不同的团体中，活动的效果会呈现出差异。如果成员平时关系比较融洽，活动效果会更好。

2. 为达到活动的初衷和效果，领导者需在活动开始前强调每位成员要秉持严肃、真诚、客观、负责任的态度进行该活动。

3. 若团体中出现明显的男女界限，领导者要及时打破界限，进行有效的疏通引导。

4. 如果经费充足，可以用漂亮的贺卡纸替代白纸。

【活动扫描】

由于自我认知的主观性，我们在认识、分析和判断问题时，往往带有个人的感情色彩，难以从客观的角度去全面地看到自我或问题的来龙去脉。通过这个活动，我们得以从其他人的视角来看待自我和这个世界。在活动中，每个人几乎都会收获很多来自于他人的认可和肯定，这有助于增强成员的自我价值感，促进成员自我接纳。

每个人活在世上都要从外界获取关注和评价以完善自我认知，然而外界的评价并非全然客观正确。这需要我们以良好的心态来客观看待外界的评价和看法，在此过程中不断整合自我评价以及完善提升各项素质。(图 8-1 为活动照片)

图 8-1　“背后留言”活动照片

活动五　超越心灵地图

【活动目的】

引导组员探索人生目标，帮助组员树立直面困难、勇于挑战的信心。

【活动道具】A4 白纸、水彩笔若干。

【活动场所】室内。

【活动时间】30~40 分钟。

【活动人数】不限，人数多可分组。

【活动程序与规则】

1. 团体领导者根据参加活动的总人数将成员分成 8 人左右的小组，每组一盒水彩笔，每位成员一张 A4 白纸。

2. 团体领导者引导组员描绘自己的人生地图。地图上可包含起点、路线以及终点，可以适当的在其中添加地理标志，如山川、河流、湖泊、峡谷等。成员可以将自己最想要完成的目标写在终点上，并按照自己对于目标的规划分成多个阶段或小目标，依次在地图纸的路线图中进行标注。请组员将路线中的山川、湖泊、峡谷的地理标志设想成实现小目标所会遇到的阻碍，并在相应的地理标志旁进行标注。

3. 引导组员思考结合已有的经验，怎样合理规划或采用何种办法来克服前进途中的各种艰难险阻，从而实现最终目标。

4. 完成后，领导者引导组员进行小组分享讨论，并邀请几位组员进行分享交流。

【交流分享】

1. 可以分享一下你所设定的目标吗？若想要实现这个目标需要克服哪些挫折和障碍？

2. 如果你所设定的目标实现了，对你有何种意义？

3. 自身拥有哪些资源或经验可以帮助你实现目标？

【注意事项】

分享环节，领导者要引导其他组员给予适当的反馈，保持尊重倾听的态度，可以表达自己的感受，但不要带有攻击性。

【活动扫描】

精彩的生活一定要有明确的目标。当你对自我和未来一无所知时，面临苦难和挫折，恐惧也会随之而来。通过对自我的深度探索和了解来制定人生目标，所有要素便清晰、明朗地摆在你面前。什么应该去做，什么没必要去做，为什么而做，为谁而做，这些似乎已不再是问题。确定了人生的目标，才可能选择生活的道路，进而才能够掌握、控制自己的人生。

活动六 和坏习惯“say byebye”

【活动目的】

1. 引导组员察觉自身存在的坏习惯，从而提升自我认知；

2. 通过同伴交流挖掘资源，增强克服坏习惯的信心，找到更多克服坏习惯的办法。

【活动道具】A4 白纸、双面胶、中性笔若干，垃圾袋。

【活动场所】室内。

【活动时间】30~40分钟。

【活动人数】不限。

【活动程序与规则】

1. 团队领导者为每位组员分发一张A4白纸和一支中性笔，引导组员在A4白纸上写下自己目前存在的三个坏习惯，待组员完成后用双面胶将各自的A4纸贴在背后。

2. 请各位组员在活动场地随意走动，并在此过程中寻找与自己有1项以上相似坏习惯的其他组员，两两组成一组，展开讨论交流，共同想出克服坏习惯的方法。

指导语：现在有1分钟的时间，大家在场地中随意走动，看看其他组员背后的坏习惯有没有与自己相同的？若有1项以上相同的坏习惯，请两人原地坐在一起组成一组。若没有1项以上相同的或在1分钟内没有找到的组员请就近两人组成一组。和你的搭档一起交流讨论，共同想出克服坏习惯的方法。时间为6分钟。

3. 重复步骤2，两人一组改为四人一组，具体人数可以根据总人数灵活变通。

4. 讨论结束后，领导者邀请几位组员进行分享。

5. 分享完成后，领导者引导组员将背后的A4纸取下，扔进准备好的垃圾袋中，完成丢弃坏习惯的仪式。

指导语：请将你们背后写有坏习惯的A4纸撕下，依次丢进我手中的垃圾袋中。请你们想象，坏习惯正慢慢离你而去。你已经拥有了不少战胜坏习惯的办法。记住，完成坏习惯的丢弃仪式后，你们将不再存在这三个坏习惯。

【交流分享】

1. 可以分享一下你对自己所存在的三个坏习惯有什么样的应对措施？

2. 你的搭档对你的坏习惯有何建议？你从中得到什么样的启发？

3. 这个活动带给你什么样的启发或感悟？

【注意事项】

1. 在组员交流分享环节，领导者要引导其他组员给予适当的反馈，保持尊重倾听的态度，可以表达自己的感受，但不要带有攻击性。

2. 组员在书写自己的三个坏习惯时，切勿与其他组员交流商量，以免受到他人的影响。

【活动扫描】

人的行为不仅要受外在因素的影响，人们也可以通过自我生成的因素，自己调节自己的行为。良好的行为习惯形成的过程是一个人将外在的要求内化为自身需要的过程。

不要让你的人生被坏习惯掌控，成为它的傀儡。从解决一个坏习惯开始，抢回人生主导权，开始掌控你自己的人生。

我们每个人都有局限性，都不完美。与他人交流自己的坏习惯，发现与人同病相怜，大家一起面对问题，发挥主观能动性，在交流讨论的过程中，会对坏习惯给自己带来的影响有更多觉察，同伴间的交流往往会找到更多克服坏习惯的办法。而在大团体中的分享，丢弃坏习惯的仪式，也更加坚定了自己战胜坏习惯的决心！

活动七 我是谁

【活动目的】

1. 通过团体活动，增进成员对自我的了解，加强自我肯定。

2. 在团队活动结束后，成员得到他人反馈并改善自身认知，促进成员良好自我概念的形成。

【活动道具】纸张若干，中性笔若干。

【活动场所】室内。

【活动时间】30 分钟。

【活动人数】不限，宜在有一定熟悉度的团体中进行，人数多可分组。

【活动程序与规则】

1. 团体领导者引导成员们围成一个圈坐下，给每人分发一张白纸与一支笔，要求大家写下 3 至 5 句描述自己的句子，如“我是一个欢脱乐观、洒脱爱笑的乐天派”“成熟稳重、严谨认真是我的一贯作风”。不允许透露个人信息(姓名、性别、年龄等)。

2. 成员们写完后将纸折好，放在团体中央，由团体领导者将纸打乱。

3. 每名成员随机抽取一张，依次打开并读出纸上的内容，并猜想和讨论纸上的成员是谁。如果没有猜中，则所有成员共同讨论纸上的成员究竟是谁；如果纸上的成员被猜中，被猜中的成员来认领纸条，同时猜中的人说出推理的理由。继续进行下一个成员的纸条猜想讨论。

4. 主持人引导每个人发表自己猜中别人或被他人猜中的感想，反思感悟。

【交流分享】

1. 若他人对你的评价与你的自我认知有一定偏差，你对自我会有什么新的认识？

2. 自我认知与他人认同一致或不一致是什么样的感受？

3. 这个活动带给你的感受有哪些？

【注意事项】

1. 本活动需要在较为熟悉的团体中进行。

2. 如果长时间猜不出纸上的成员，该成员需要主动认领自我描述卡，并和其他成员一同进行自我剖析。

【活动扫描】

自我认知是对自我的觉察与理解，是对自己的想法、期望、评价以及行为特征进行判断和评估的条件。当他人对我们进行评价时，往往会与自我认知产生一定的偏差，这时，是我们审视自身最好的时机，我们应当正视偏差，反思自我，从他人的反馈中认识自己，并体会被他人认同/不认同的感觉，并尝试接纳真实的自我。

活动八　艰难抉择

【活动目的】

通过觉察自己的内在，思考生命中最重要的东西是什么，做出取与舍的决定，帮助成员澄清自己的价值取向，在丧失练习中更懂得珍惜拥有。

【活动道具】每人一支笔、一张纸、每组一包纸巾。

【活动场所】室内

【活动时间】40 分钟左右。

【活动人数】单组人数 6~8 人。

【活动程序与规则】

1. 团体领导者根据参加活动的总人数将成员分成 6~8 人的小组，并为每位成员分发一张 A4 白纸和一支中性笔。

2. 领导者邀请成员想一想个人生活中什么最重要，只能选 5 样，并依次把自己生命中最重要的五样东西写下来。思考为什么这样选择，每一项选择的理由是什么。

3. 小组内做交流分享，说说自己选择的五样以及为什么这样选择，说说每一项选择的理由。

4. 请每位成员想一想，假如要从这五样中划去一样，自己首先划去哪一样？划去的理由是什么？选出后在小组内交流一遍。

5. 依次再划去另一样，每删去一项，在小组内交流一遍，直至最后还剩下一样，向其他成员说说为什么保留这一样。

6. 成员在大组内交流作出留与舍决定时的心理感受，反思感悟，领导者总结升华。

【交流分享】

1. 面对你生命中最重要的五样东西，你舍弃的顺序和理由是什么？

2. 在活动的最后，你在纸上留下的唯一及最重要的一样事物是什么？为什么？

3. 交流中他人的选择给了你什么启示？

4. 和组员分享你在取舍过程中的内心感受。

【注意事项】

1. 注意营造一种安静、庄重的氛围，领导者要做好前期的引导，每个组员要独立完成生命中最重要的五样事物的选择，成员在认真思考的基础上作出取与舍的决定，避免轻率、随意、肤浅。

2. 分享环节，领导者要引导其他组员给予适当的反馈，保持尊重倾听的态度，可以表达自己的感受，但不要带有攻击性。

3. 领导者要密切关注成员在作出取与舍决定时的心理感受。如组员在抉择过程中出现了强烈的情绪反应，领导者要给予其正向且及时的疏通引导。

【活动扫描】

每个人的生命中都有一些对自己而言珍贵的东西。父母、爱人、朋友、健康、金钱、友谊、书籍、梦想等，在生命中不同的阶段，我们对自己珍视的东西会有不同的看法。在你拥有健康时，你可能不觉得健康对你而言的重要性；你感受着友谊在生命中的意义，却可能从未想过它在最珍视的五样东西中的位置。或许生命中最重要的东西不止五样，当我们用这样一个练习，静下心来思考、取舍，一如现实中可能会面对生命中的无可奈何。很多取舍会伴随着纠结、无奈、不舍与艰难，什么才是对我们最重要的？通过这个练习，我们会有一个机会来思考和厘清。这也会帮助我们认识到，未来的生活中什么才是我们更应该珍惜的？或许我们要在自己珍视的东西上投入更多的时间和精力。

每个人对于生命中最重要的五样事物的选择无关好坏，对于重要事物的理解也各不相同。团体分享环节，当听到其他成员分享自己重要的东西以及理由，可能会与自身原有的想法产生碰撞，让我们对自身的价值观有更多的思考。

活动九　生命线

【活动目的】

引导组员学会对生命进行线性的纵向梳理，进而促进其进行深刻的认知和理性的觉察。

【活动道具】A4 白纸、签字笔若干。

【活动场所】室内。

【活动时间】30~40 分钟。

【活动人数】不限。

【活动程序与规则】

1. 团体领导者根据参加活动的总人数将成员分成 8 人左右的小组，并为每位成员分发一张 A4 白纸和一支签字笔。

2. 团体领导者引导组员预计自己的生命可以延续到多少岁。指导组员以自己 0 岁为起点，以设想中生命结束的年龄为终点在 A4 白纸上画一条线段。

3. 请组员在该线段上标注自己目前的年龄。以现在的年龄为分界线，在其左侧标注生命中已经发生的三件大事，并标记其发生的年龄；在其右侧标注生命中还未发生的三件大事，也标记其预计发生的年龄。

4. 完成后，领导者引导组员进行小组分享讨论，并邀请几位组员进行分享交流。

【交流分享】

1. 如果可以回到过去，你想对当时的自己说些什么或做些什么？

2. 未来充满无限可能，对于未来将要发生的大事，你将如何应对或者做出何种努力？

3. 通过这个活动，你有什么样的启发或感悟？

【注意事项】

1. 生命的长度不可过于脱离现实。在活动过程中切勿与其他组员交流商量，以免受到他人的影响。

2. 在组员分享时，分享重点应放在感受的表达上，每个组员不一定要向其他组员分享生命中的大事。引导者要分清楚组员不愿公开分享的原因，既要避免强迫组员分享的行为，也要避免打击其他成员的积极性。

3. 分享环节，领导者要引导其他组员给予适当的反馈，保持尊重倾听的态度，可以表达自己的感受，但不要带有攻击性。

4. 在交流分享中，组员可能会暴露出生命中的重大创伤事件，领导者需时刻关注组员的情绪变化，及时给予其正向的疏通引导，避免造成二次创伤。

【活动扫描】

生命是短暂而珍贵的。如何在短暂的生命中实现价值、追求自我，是我们在生命旅途中不断思索、追寻的生命难题。虽然我们没有办法改变自己的生命长度，但是我们可以通过对自己人生的规划来增加人生的厚度。

人生不如意十有八九，当消极事件发生时，我们除了接受无法改变的事实以外，还可以改变自己可以改变的，如心态，待人处事的方式等。一味在原地舔舐痛苦撕裂的伤口，只会让我们更加脆弱不堪。唯有拥抱痛苦，以坚韧为铠，以希望为矛，方能披荆斩棘、砥砺前行。

活动十　寻找失落的一角

【活动目的】

引导组员探索自身存在的资源和优势，学会接纳自身的缺点和不足。

【活动道具】圆形卡纸、签字笔若干。

【活动场所】室内。

【活动时间】40~50 分钟。

【活动人数】不限，人数多可分 6~8 人组。

【活动程序与规则】

1. 团队领导者根据参加活动的总人数将成员分成 6~8 人的小组，并为每位成员分发一张缺了一角的圆形卡纸和一支签字笔。

2. 团队领导者引导组员在各自缺了一角的圆形卡纸上标注自己目前的资源或优势。

3. 领导者分发缺失的一角给各位组员，并告知其在这缺失的一角上要填写自己目前最想要追求的事物。

4. 领导者引导组员进行小组分享讨论，并邀请几位组员进行分享交流。

【交流分享】

1. 你目前所拥有的资源或优势有哪些？

2. 你想要追寻什么来使自己的生命更加精彩？

3. 你目前所拥有的资源或优势对你所追寻的事物是否有助益？

4. 你做了哪些努力来获得你所想要得到的事物？得不到的时候你将如何面对？

【注意事项】

1. 分享环节，领导者要引导其他组员给予适当的反馈，保持尊重倾听的态度，可以表达自己的感受，但不要带有攻击性。

2. 组员在整理自己的资源或优势时，切勿与其他组员沟通交流，以免受到他人的影响。

【活动扫描】

人的成长受到社会、环境、家庭等各个方面的熏陶，每个人都会拥有各不相同的自我优势。本活动可以帮助成员了解自身的资源和不足，促进成员更加了解自己、接纳自己。

第九章 创新实践类

创新实践类活动，其目的在于培养参与者创新性思维，多方面多角度思考问题，以此指导学习生活中的实践问题。在宏观层面，创新是民族的灵魂，更是国家兴旺发达的不竭动力；在个人层面，创新有助于培养人们独立自主、开放协作的能力。创新实践类活动可以设置各种“不可能”的问题，使得参与者开拓思维，在活动中体验到打破定势思维，不断创新带给自己的成就感，同时会让参与者发现创新思维可以运用在生活的方方面面，在生活中不断实践、不断思考。

活动一 驿站传书

【活动目的】

1. 让团队成员体验非言语沟通与言语沟通的差异性。
2. 让团队成员感受集体智慧和团队协作的魅力。
3. 打破成员思维定势，提高成员的创造性。

【活动道具】数字串卡片。

【活动场所】安静的空场地。

【活动时间】30~40 分钟。

【活动人数】15 人以上的团队，分成 6~8 人一组的小组。

【活动程序与规则】

1. 各小组成员排成一列纵队，团队领导者宣读活动指导语：在古代，驿站有非常重要的作用，为传递官府文书和军事情报的人或来往官员提供食宿和换马。现在，每名成员都把自己当作一个驿站，等会我会将一个数字信息卡片(7 位数以内)交到最后一名成员的手中，每名成员都要用自己的聪明才智将数字信息依次传递到最前面的成员手中。当最前面的成员收到完整的数字信息后要迅速举手，并将得到的数字信息写在纸片上，交给团队领导者。比赛分四轮进行，在信息传递时，每名成员需要遵守一定的规则。

2. 第一轮

(1)全体成员不能讲话，不能回头，不能使用手机、传递纸条或扔纸条；

(2)后面成员的所有部位都不能超过前面成员身体的肩缝横截面及其无限延伸面；

(3)当数字信息传到最前面的成员手中时，这位成员要迅速举手示意，并把完整的数字信息交到团体领导者手中，举手那一刻计时停止；

(4)某些很有争议的传递方法，和游戏的整体思想契合则算正确，背离则算错误；

(5)第一轮游戏时间花费时间小于等于 4 分钟。(游戏开始前小组有 5 分钟讨论时间，然后开始进行游戏)

3. 第二轮

(1)第一轮前 4 条规则持续不变；

(2)不能再使用第一轮使用过的方法；

(3)不能传递和扔任何物品；

(4)第二轮游戏时间花费小于等于 3 分半钟。(游戏开始前小组有 4 分钟的讨论时间，讨论结束后开始游戏)

4. 第三轮

(1)前两轮规则继续生效，不能使用第一轮和第二轮的方法；

(2)第三轮游戏时间不超过 3 分钟。(游戏开始前小组有 6 分钟的讨论时间，讨论结束后开始游戏)

5. 第四轮

前三轮所有方法不可用，第四轮游戏时间花费不超过 2 分钟。(游戏开始前小组有 5 分钟讨论时间，讨论结束后开始游戏)

【交流分享】

1. 当听到第一轮的任务挑战时，你的反应是什么？一开始你觉得这个任务难吗？

2. 小组不能完成任务的原因是什么？

3. 你们小组用到了哪些有效的任务完成方法？

4. 你们觉得还可以有哪些有创意而不违背规则的方法？

【注意事项】

1. 成员不允许使用尖锐的物品，活动过程中如果有比较危险的传递方式，团队领导者需要根据情况给予提醒，随时提醒队员遵守规则。

2. 成员在传递过程中动作不得过重，不能重击头部或者掐、捏成员等。

3. 第一次可以给一个难度中等的数字，数字最好有一定特点如2009、918等。

4. 为避免小组间的相互影响，每轮给各组的数字难度一致，但数字各不相同。

【活动扫描】

对于集体来讲，当面对这样有挑战的任务时，有一个正确的决策至关重要，与此同时，还需要保证决策的正确实施、严格执行以及团队成员的相互合作等。在游戏进行的过程中，难度和压力会随着成员不断向前传递而增加，在即将结束时也最容易放松警惕而功亏一篑。该活动可以提高成员的创新能力、团队合作能力、沟通能力、决策能力等，多方面激发成员们的潜能。

在活动过程中，我们发现各小组成员积极地参与信息传递，在游戏中各小组使用的方法各异，不少小组认真研究规则，想出了不少别出心裁的方法，比如敲背部、拍肩膀、掰手指、标记号，在手指的不同地方赋予不同的数字含义等。游戏过程中我们发现了参与游戏的成员智慧和创新的一面，较好地达到了感受非言语沟通、小组积极合作、突破思维定势、创造性地解决问题的游戏目的。

活动二 故事接龙

【活动目的】

使组员学会打破惯性思维，突破思维定势，体验合作与创新带来的快乐。

【活动道具】无。

【活动场所】室内或室外。

【活动时间】20~30分钟。

【活动人数】不限，人数多可分组，每组8~10人为宜。

【活动程序与规则】

1. 分组后各小组成员围成圈站立。

2. 团队领导者随意说一句话作为故事的开头，如“我在一家早餐店吃热干面”。

3. 由领导者指定小组中的一名组员接着故事的开头来丰富故事，然后按照逆时针或顺时针的顺序依次让组员补充一句话来丰富故事。故事接龙的时间控制在5分钟左右。

4. 领导者邀请各组的代表来讲述自己小组的故事。

5. 领导者根据活动时间可以灵活安排第二个、第三个故事的接龙。

【交流分享】

1. 在故事接龙的过程中有没有其他组员所补充的故事让你感到有趣或诧异？

2. 试着给自己小组的故事命名并分享。

3. 本次活动对你有什么样的感触和启发？

【注意事项】

1. 分享环节，领导者要引导其他小组组员保持尊重倾听的态度，对故事给予适当的反馈。

2. 领导者要善于倾听和发现每个小组的特色和创新，并及时给予正向评价，保护和增强每位组员的创新意识、能力和信心。

【活动扫描】

每一个小组创造出来的故事都是与众不同、独一无二的。每一位组员都扮演着十分重要的角色，决定着故事的走向，没人能够猜到并限定组员们的“脑洞”，组员们靠自己的创造性描绘出属于他们自己的故事。这个活动让我们感受到创新给我们带来的喜悦与欢乐，并且让我们明白了生活和学习中创新意识的重要性。

活动三　婚礼上的宾客

【活动目的】

通过精彩有趣的游戏环节让成员充分发挥想象力和创造力，锻炼成员的应变能力，培养创新性思维。

【活动道具】事先准备好的婚礼请柬和便签若干、中性笔。

【活动场所】室内。

【活动时间】30 分钟左右。

【活动人数】集体参与，可以班级为单位。

【活动程序与规则】

1. 团体领导者将预先准备好的三对新人的婚礼请柬随机发给每一位成员，每份请柬上注有成员扮演的角色身份及该角色与新郎或新娘的真实关系、性格特点(如新郎王二狗的母亲，为人势利、刁钻……)。抽到新郎与新娘身份的三对新人向大家亮出自己的身份，其余成员所扮演的角色只可以自己知道，不可以泄露。领导者给成员3分钟让成员对自己的角色进行熟悉。

新郎与新娘：徐志明　王春娇

王二狗　张翠花

赵铁柱　田二妞

2. 团体领导者给宾客每人发一张便签，成员在便签上写下自己的姓名和他们将要送给所对应的新郎和新娘的礼物。礼物可以别出心裁，但一定要符合成员所扮演角色的身份特点。

3. 所有宾客站在一侧，新娘和新郎在场中站定迎宾。领导者宣布“请宾客入场”，宾客依次入场，当面把准备的礼物送给对应的新人。礼物要当着新人的面说出来，宾客根据自己的角色身份，与新人互动交流，宾客间也互动聊天，但不可明确表明身份，可以通过提问猜测对方的身份。

4. 所有礼物赠送完毕，游戏结束，请大家说出自己是如何扮演角色的，你为角色选择了什么礼物，又是如何识破别人的角色的，其中印象最深刻的演员是谁，可推选最具创意的演员当众向大家表演。

5. 从创新的视角，邀请成员谈谈本活动带给自己的启发。

【交流分享】

1. 在婚礼过程中最让你感到有趣、诧异的事是什么?

2. 最让你感兴趣、最吸引你注意力的礼物是什么?

3. 本次活动对你有什么样的感触和启发?

【注意事项】

1. 把握好宾客赠送新人礼物的时间，合理控制时长。

2. 团队领导者要保证活动有序、有效地进行，时刻调动现场气氛，注意所有成员情况。

3. 可根据活动的总人数灵活设置新郎新娘的对数。

【活动扫描】

本活动采取创意游戏的形式，创设婚礼情境，进行角色扮演。在活动进行过程中，随机分配的角色和性格给游戏增加了趣味性和创造性，以角色的要求去表演并赠送符合自己身份的礼物为活动增加了创造性。活动要求成员之间相互配合并进行独立想象。

在游戏中，部分成员没有办法很快进入情境和角色，不能够很快地想出自己所要送的礼物，而这个思考的过程正是培养创新意识的环节。最终，大部分成员都可以按照自己的角色来表现自己并送出符合自己角色的礼物。在其中，我们看到了很多具有创意的礼物和独特的表演方式，看到了大家的活跃思维和创造性。在活动结束后进行交流分享，大家都能够以幽默并且富有创造性的方式来表达自己的感情。

在生活中，适当的创意与想象是非常重要的，我们还可以采取更多的富有创造性的活动来开发我们的大脑，激发我们的创造力。

活动四　连连看

【活动目的】

在问题解决中展现组员的脑洞，帮助成员突破思维的禁锢，培养成员打破思维定势，提升创新思维。

【活动道具】印有 9 点和 16 点的 A4 白纸、可擦笔若干。

【活动场所】室内。

【活动时间】30 分钟左右。

【活动人数】不限。

【活动程序与规则】

1. 团队领导者为每位成员分发一张印有 9 点和 16 点的 A4 白纸以及一支可擦笔。9 点和 16 点的图案如图 9-1：

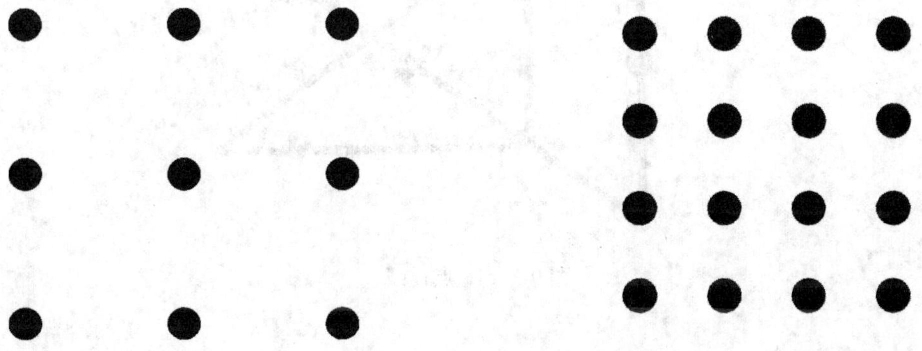

图 9-1　9 点和 16 点的图案

2. 领导者让组员思考如何用 4 条线段一笔将 9 个点都连接起来。限时 5 分钟。

3. 领导者邀请几位已经完成的组员向其他组员展示，看其方法是否符合题目要求。随后领导者展示 9 点连线的正确答案，如图 9-2：

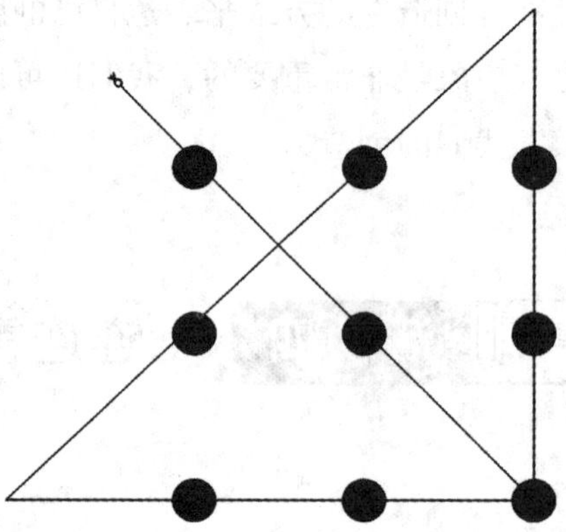

图 9-2　9 点连线

4. 领导者引导组员思考如何用 6 条线段一笔将 16 个点连接起来。限时 10 分钟。

5. 领导者邀请几位已经完成的组员向其他组员展示，看其方法是否符合题目要求。随后领导者展示其中一种 16 点连线的正确答案，如图 9-3：

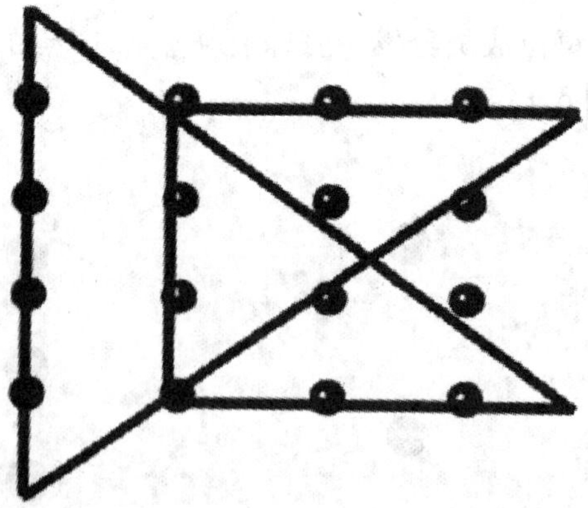

图 9-3　16 点连线

6. 领导者可将成员随机分成 6~8 人小组，引导各小组进行分享交流。也可以鼓励各小组想出更多的连线方法。

【交流分享】

1. 尝试连线时，有哪些想法禁锢了我们的思维？

2. 在哪些关键的环节，可以帮助我们解出难题？

3. 本次活动带给你什么样的启发和收获？

【注意事项】

1. 团队领导者在引导时，不要纠结于解答问题，而要侧重让组员体验解题过程，从而发现生活中思维定势对问题解决的影响。

2. 在成员独自解题过程中，强调组员要独立思考，不与其他组员沟通交流，避免影响其他组员的思考。

3. 团队领导者可向成员说明 16 点连线不少于 14 种解法，鼓励组员探索更多的解法。

【活动扫描】

在学习和生活中，我们有时会陷入某种困境无法自拔。这时，我们不妨将自己已有的经验和思维方式放置一边，跳出思维的牢笼，以更为开阔的视野去看待问题。当我们不拘泥于固有的定势，原来困扰我们的问题，似乎也变得“柳暗花明又一村”。多探索、勤思考，培养发散思维能力，可以提升我们的创造性思维，让我们获得更大成长。

活动五　小小建筑师

【活动目的】

培养组员的动手能力，展现组员的独特创意。

【活动道具】回形针、吸管、扑克牌若干。

【活动场所】空间合适的空场地。

【活动时间】20~30 分钟。

【活动人数】不限。

【活动程序与规则】

1. 团队领导者根据参加活动的总人数将成员分成 6~8 人的小组，并为每组分发 20

枚回形针、50 根吸管和一副扑克牌。

2. 领导者引导各小组讨论并在 10 分钟内用所提供的材料搭建一座塔。

3. 领导者邀请各小组代表讲解自己小组搭建塔的高度和原理。

4. 由所有组员共同分别评选出“最坚固”“最高”“最美观”“最省材料”“最具创意”的作品。

5. 邀请几位成员分享活动后的收获，领导者就本次活动进行总结。

【交流分享】

1. 你们小组是通过何种方式来搭建这座塔的?

2. 搭建的过程中遇到何种困难? 你们是怎么克服的?

3. 本次活动带给你什么样的启发和收获?

【注意事项】

1. 所提供的三种材料都要用上，每种材料可以不使用完。

2. 所搭建的塔不能依靠墙面或人手扶立。

【活动扫描】

活动开始后，小组成员各抒己见，纷纷提供自己的创意。随后，各小组开始搭建自己的小塔，大家分工协作，有的负责搭建；有的传递材料；有的负责指挥；有的提供创意。很多小组的搭建过程并不顺利，有的小组建好的塔一不小心轰然倒塌，不得不重新再来。同样的材料，不同的创意，最终，各组的小塔搭建完毕，形形色色，创意各异。此次活动一方面锻炼了组员的动手能力，另一方面展现了组员们无限的创造力和创新意识。

活动六 游戏创造者

【活动目的】

培养组员的创造力。

【活动道具】A4 白纸、签字笔、足球、乒乓球、扫把、绳子。

【活动场所】室内或室外。

【活动时间】40~60 分钟。

【活动人数】不限，人数多可分组，每组 6~8 人为宜。

【活动程序与规则】

1. 团队领导者根据参加活动的总人数将成员分成 6~8 人的小组。

2. 在 20 分钟内，各小组经讨论，用现有的道具创造出一个全新的可以执行的游戏。

3. 各小组依次向其他小组讲述所创造的游戏，并带领大家一同体验。

4. 所有游戏都体验后，由所有组员评选出“最具创意”“最有趣”的游戏，并且分别给每个游戏提供改进建议。

5. 邀请几位组员分享活动后的收获，领导者就本次活动进行总结。

【交流分享】

1. 在设计游戏中，你承担了什么角色？提供了什么建议？

2. 设计的游戏在实施中与你所想是否一致？有什么可以改进的地方？

3. 本次活动带给你什么样的启发和收获？

【注意事项】

1. 领导者要关注组员是否都投入游戏设计和体验中，及时询问组员的感受并引导组员积极参与其中。

2. 活动开始前，领导者要强调创造出的游戏需具有可实施性，所创造的游戏不必将所有的道具都包含其中。

【活动扫描】

一个成功的游戏，不仅需要创作者体验过不同游戏的经验，还需要别具一格的创意。此次活动给各位组员提供了一个打开脑洞的机会，每个人的创意在小组中发生碰撞，产生了头脑风暴，进一步激发了组员们的创新意识。

活动七　圆球速递

【活动目的】

开发组员的创新思维，不断提升创新能力。

【活动道具】圆球若干。

【活动场所】室内或室外。

【活动时间】10~20 分钟。

【活动人数】不限，人数多可分组，每组 6~8 人为宜。

【活动程序与规则】

1. 团体领导者根据参加活动的总人数将成员分成6~8人的小组，并为每组分发一颗圆球。

2. 领导者讲述规则：圆球要从发起者手中向下传递，每个组员都要依次与小球接触，最终回到发起者手中，用时最短者胜出。若小球在传递过程中掉落在地上，则重新开始。

3. 各小组按照规则开始挑战并计时。领导者引导各组员思考怎样缩短时间。

4. 增加难度。领导者给各小组分发标有“1”“2”“3”的小球。各组要按照1、2、3的顺序从发起者手中向下传递，每个组员都要依次与小球接触，最终回到发起者手中，用时最短者胜出。若小球在传递过程中掉落在地上，则重新开始。

5. 在各小组尝试2次后，开始挑战计时。

6. 领导者邀请各组代表分别分享经验和改进方案。

【交流分享】

1. 你的小组想了哪些办法来缩短传递小球的时间？

2. 看了其他小组的方法对你有什么样的启示？

3. 成功之后你有什么样的感觉？

4. 本次活动带给你什么样的启发和收获？

【注意事项】

传递方法有多种，领导者需要不断启发组员去探索更快的方法。

【活动扫描】

游戏开始后，组员用最原始的方法一个接一个人传递，经过努力达到7秒的成绩，组员们感到不可思议。但在领导者的启发下，组员们一个个新奇的想法不断涌现。有将每个人的手组成斜坡，让小球滚下去；也有用手组成圆筒，让小球自由下落。通过不断尝试，时间被缩短到惊人的3秒。可这已经是最短的用时吗？还需要领导者去启发组员用更加创新的方式去挑战极限。

活动八 沙漠奇案

【活动目的】

培养组员的创新思维和逆向思维。

【**活动道具**】无。

【**活动场所**】室内。

【**活动时间**】20~30 分钟。

【**活动人数**】6~8 人为宜。

【**活动程序与规则**】

1. 团队领导者交代案情：在沙漠中，一名男子一丝不挂地躺在地上，死了，手中紧紧攥着半根火柴，尸体周围没有打斗的痕迹。

2. 领导者引导组员根据案情提出封闭性问题来还原案件的起因。

3. 组员依次向领导者提出一个封闭性问题，领导者只能回答是或不是。

4. 15 分钟后，无论组员是否还原案件起因，领导者都要公布既定答案。一群探险者乘坐热气球前往沙漠深处探险。由于准备不充足导致热气球的燃料不充足，需要减轻热气球的重量使其能够安全返回，他们想尽各种办法，如扔掉装备、衣物等。但是燃料还是不足以支撑他们返回，最后他们决定用抽签的方式来选出跳下热气球的人。可怜的男子抽到了半根火柴，只好跳出热气球。

【**交流分享**】

1. 你是如何在有限的信息中找到答案的？

2. 如何提升自己的创新意识和判断能力？

【**注意事项**】

1. 活动中，若组员遇到瓶颈可以适当给予提示。

2. 本活动需要参与者有大量的常识以及丰富的想象力，低年龄段的组员不适于此活动。

【**活动扫描**】

离奇的案件吸引了组员们的兴趣，一开始组员们对于案情都有各种的想象，杂乱无章地提出各种问题来验证自己的想法，在过程中有一人的猜想得到肯定。其他组员便以此为突破口展开想象，最终大概还原案情。本活动有利于开发组员逻辑思维能力和主动分析问题的能力。

活动九　一张纸的 N 种用途

【**活动目的**】

让组员在活动体验中打开“脑洞”，不断提升创新能力。

【活动道具】 A4 白纸、签字笔若干。

【活动场所】 室内。

【活动时间】 20~30 分钟。

【活动人数】 不限，人数多可分组，每组 6~8 人为宜。

【活动程序与规则】

1. 团队领导者根据参加活动的总人数将成员分成 6~8 人的小组，并为每组分发一张 A4 白纸和一支中性笔。

2. 领导者引导各小组讨论一张纸的用途。各小组将讨论结果进行总结，记录在 A4 纸上。讨论时间为 10 分钟。

3. 领导者邀请各小组代表就“一张纸的用途”进行汇报。每个小组代表依次说出一种用途，反复循环。代表所说内容不得重复或过于相似，说不出的小组代表可以跳过。

4. 领导者记录总结各项用途，并引导全体组员对所有用途进行分类，补充说明。

5. 邀请几位组员分享活动后的收获，领导者就本次活动进行总结。

【交流分享】

1. 哪些答案给你带来了新的思路？为什么？

2. 对所有用途进行分类后，你发现自己的思维有什么样的变化？

3. 如何才能让自己的想象力变得更加丰富？

4. 本次活动带给你什么样的启发和收获？

【注意事项】

1. 低年龄段的组员由于认知水平有限，可以在活动中提供各种颜色、材质的纸张供其联想。

2. 各小组在讨论纸的用途时，要控制音量，避免影响其他组员的思考。

【活动扫描】

这个活动给组员们提供了思维发散的机会。在讨论中可以发现组员们的想法如潮水般源源不断，大家的聪明才智汇聚在一起，形成了小组共有的思维财富。有时组员新奇的脑回路可以引发小组中的连锁反应，激发其他组员的想象力，形成更多的发散点。本次活动通过轻松、有趣的方式，培养了组员归纳、发散思维的能力。

活动十　自由落体

【活动目的】

展现组员的创新思维并应用于实践。

【活动道具】每组鸡蛋1个、气球1个、塑料袋1个、竹签6根、橡皮筋8条，塑料匙、叉各2个。

【活动场所】室外。

【活动时间】20~30分钟。

【活动人数】不限，人数多可分组，每组4~6人为宜。

【活动程序与规则】

1. 团队领导者根据参加活动的总人数将成员分成4~6人的小组，并为每组分发相应的活动道具。

2. 给各小组15分钟，通过使用所提供的道具来保护鸡蛋，使鸡蛋从三楼高度自由落体而不损坏。

3. 15分钟后，领导者请每组代表前往三楼依次“放飞”鸡蛋，其他组员可在楼下查看鸡蛋落地后是否损坏。

4. 组员在小组内展开讨论。

【交流分享】

1. 你们小组的创意源于什么？

2. 看了其他小组的方案，你认为你们的创意有无改进的地方？该怎么去完善？

3. 本次活动带给你什么样的启发和收获？

【注意事项】

1. 各小组在讨论方案时，要控制音量，避免影响其小组的思考。

2. 在“放飞”鸡蛋过程中，领导者要确保楼下范围内无人员经过。

【活动扫描】

活动中各小组成员脑洞大开，采用各种新奇的方式来使鸡蛋安全降落，包括造降落伞、用气球包裹鸡蛋等方法，利用一次性筷子搭成各种结构保护鸡蛋。经过大家的努力和不断尝试，终于挑战成功，让鸡蛋毫发无损地从空中落地。本活动锻炼了组员的创造力，增强了其探索未知的好奇心和创新意识。

第十章
生命价值类

生命价值类活动，是一类觉察生命价值、认识生命意义、增强自己生命体验，从而让自己绽放“生命之花”的活动。我们应当对生命持积极敬畏的态度，在生活中乐观向上，坦然接受自己的一切，欣赏自己，悦纳自己；同时通过对自身价值观的探索，思考自己的人生目的，反思自己的人生观、价值观和世界观。参与者通过游戏体验，感受自己的独一无二和生命的美好，思考自己的人生目标和社会价值，体验生活中爱与被爱的感受，感受助人带来的美好与温暖。学会正确看待自己的生命和价值，为实现生命的意义不懈奋斗。

活动一　优点轰炸

【活动目的】

1. 学习发现和欣赏成员的优点和长处，促进成员自我接纳，培育积极心态。
2. 了解人际沟通的技巧，体会良好人际关系的法宝。
3. 增进团队成员的关系，进一步增强团队凝聚力。

【活动道具】透明胶布，彩色卡纸，剪刀、记录卡片纸。

【活动场所】室内。

【活动时间】30~60 分钟。

【活动人数】单组人数 6~10 人。

【活动程序与规则】

1. 根据总人数将全体成员分组，每组 6~10 人，用彩色卡纸做一顶简易的高帽子。
2. 小组成员围圈而坐，有其中一位成员最先戴上高帽，其余成员轮流说出他的优点以及对其欣赏之处（比如外表、性格、能力、为人处世等，尽量说内在特点），只说优点。要求成员们态度真诚，努力发现其他成员的长处，不能虚伪地、毫无根据地进行吹捧。带高帽的成员在其他成员说完后，要对大家表示感谢，并反馈哪些优点是自己以前觉察到的，哪些是未曾意识到的。

3. 小组成员轮流戴一次高帽，接受其他组员的优点轰炸。

4. 小组派一名记录员，将每位成员的优点记录在一张卡片上，作为礼物送给这位组员。

5. 每位成员带高帽的时长在 5 分钟左右，其余成员都要指出带高帽的成员的优点，优点尽量不重复。

【交流分享】

1. 谈谈被人称赞的感觉如何？

2. 大家为你找到了多少条优点？在活动前，你能想到自己有这些优点吗？谈谈你现在的心情和感受。

3. 如果用 1~10 分代表你的自信程度，分数越高代表越自信。活动前你的自信程度的评分是多少？而活动后分数有变化吗？

【注意事项】

1. 本活动适合在相互有一定熟悉度的群体中进行，分组时尽量避免把相互完全不熟悉的成员分到一组。本活动比较适合在团体结束阶段使用。

2. 座椅安排适当，组与组之间要拉开距离以免相互影响，而同组成员坐得要紧凑些，增加空间上的亲密感。

【活动扫描】

马克·吐温说：“我能为一句赞美之词而不吃东西。”歌德讲：“最真诚的慷慨就是赞赏。”心理学家威廉·詹姆斯认为，人性最深切的渴望就是拥有他人的赞赏。由此可见，赏识他人带给他人的力量。本活动让成员在欣赏他人和被他人欣赏的过程中收获成长，变得更加接纳自我，接纳他人，感受亲密，心态变得更加积极。

活动二　孕育体验

【活动目的】

通过体验生命孕育过程的辛苦，从而感恩生命、珍爱生命。

【活动道具】孕育生命体验卡。

【活动场所】室内

【活动时间】30 分钟左右。

【活动人数】单组人数 6~8 人。

【活动程序与规则】

1. 团队领导者将成员随机分组，单组人数 6~8 人，每个成员随机抽取一到两张卡片。

2. 成员体验自己未来如果经历卡片上的事件，自己会如何？有何感受？

3. 小组内做交流分享，说一说自己未来如果经历卡片上的事件，自己的感受与应对。

4. 小组成员将所有卡片放到一起，看看有什么发现。

5. 大组交流，反思感悟，领导者总结升华。

【注意事项】

1. 团队领导者在活动的开始环节不能说明活动的真实目的，要保持神秘感。

2. 每位成员抽到卡片后要保存好卡片的内容，在全体成员分享完之前不要同时把卡片内容在小组内展示，以免过早发现卡片内容与孕育生命主题有关。

孕育生命体验卡

（每张卡片上包含以下内容中的一条）

1. 连续 3 个月每吃完一顿饭后就呕吐
2. 乳头每天破皮达 1 个月
3. 肚子塞一颗篮球达 10 个月
4. 接受十级疼痛
5. 10 个月不能喝冰水、咖啡、茶
6. 5 个月睡觉不能翻身
7. 10 个月不能出游远行，不能跑跳
8. 给一个生活不能自理的人把屎把尿 3 个月
9. 10 个月不能生病，如果确实病了也不能吃药
10. 睡觉每两个小时起床一次，清醒 30 分钟
11. 患上可能会引发抽搐、昏迷、死亡的高血压、糖尿病
12. 浮肿、腰痛、便秘、坐骨神经痛

13. 身体出现危及生命的大出血

14. 心脏病

15. 抑郁症

……

图 10-1　孕育生命体验卡

【活动扫描】

本活动通过对母亲孕育生命过程中会经历的各种体验与挑战，小组成员设身处地想象类似的经历如果落到自己身上，自己会有什么样的反应，从而让成员领悟到每一个生命都来之不易。很多成员一开始并没有把这个活动和母亲孕育生命联系起来，抽到自己的卡片时，成员纷纷表示，卡片上的经历是自己不愿意面对的。如果这种事情发生到自己身上，自己可能会感觉生不如死。当全部组员把卡片陈列到一起，大家发现卡片上的内容是每一个母亲在怀孕期间和孩子出生后可能会面临的各种状况，不由得感慨生命的来之不易，感受到生命的意义与价值，更加珍爱自己的生命，由衷地感恩父母。

活动三　惊喜信封

【活动目的】

1. 通过成员们不公开地描述亲身经历过或看到过的一些真实的生活事情，引发成员对当下生活的思考，唤醒成员对生活、生命和人生新的看法和感悟。

2. 通过信件，成员“看他人的故事，感受他人的感受”，培养成员的共情能力，引导成员善于发现生活的美好和接纳人生中的不完美。

【活动道具】A4 白纸若干，中性笔若干，相同信封若干。

【活动场所】室内。

【活动时间】30~60 分钟。

【活动人数】不限，人数多可分组。

【活动程序与规则】

1. 团队领导者根据参加活动的总人数将成员分成 6~8 人的小组，给每位成员分发一张 A4 白纸、一支中性笔和一个信封。

2. 领导者请每位成员认真回忆过去，在 A4 白纸的正反面分别写下一件至今为止自己亲身经历过的特别有触动的事件或一段经历。时间10~15分钟。成员对事件或经历的描述要尽可能具体，并写出事件或经历发生后自己的感受和状态。写完后放入信封，可以在信封上做一个标记，便于区分，方便活动后认领。

3. 领导者收齐成员们的信封后，引导成员围圈而坐，然后将信封打乱并分发给成员，一人一封。避免成员恰好拿到自己的信封。

4. 成员们打开信封，仔细阅读，可以在他人故事纸的空白处写下自己看完后的真实的感受或任何想说的话，写完后可以将信封封好依次向右传递，再接着读下一名成员写的故事并给与反馈。

5. 活动过程中可以播放轻音乐。全部填写完毕后，领导者收回所有信封，成员按标记依次找回自己的信封。

6. 小组交流分享，大组反馈感受，领导者总结。

【交流分享】

1. 这个活动带给你的感受有哪些？

2. 读他人的故事，你有什么想法和感悟？看到他人的回复，你有什么新的感受和触动？

3. 活动过程中你对当下和未来的生活以及人生有什么新的感悟？

【注意事项】

1. 活动中强调保密原则。

2. 保证阅读和书写环境的安静，强调成员独立认真完成，避免相互干扰。

【活动扫描】

每个人的人生都是丰富的。过往的经历都能转换成生命中的宝贵财富。本次活动引导成员回顾自己亲身经历过的特别有触动的事件或经历，通过小组内传阅和相互反馈的方式，让成员对自身经历有了不一样的思考。读他人故事，长生活智慧，通过与其他成员的交流与分享，摩擦出新的思想火花，造就新的情感体验，感悟别样人生。

活动四 价值拍卖

【活动目的】

激发组员对于自身价值观念的思考，帮助组员在取舍中了解自己的人生态度。

【活动道具】面值为 500 元的代币券若干，22 张不同颜色的硬纸板，拍卖槌。

【活动场所】室内。

【活动时间】30~40 分钟。

【活动人数】30~50 人为宜。

【活动程序与规则】

1. 制作代币券和拍卖品。根据参与人数，给每位组员分发 10 张 500 元面值的代币券。将 22 样拍卖品写在不同颜色的硬纸板上以增加真实感。拍卖品及其起拍价如下表（也可根据参加人员实际选用合适的拍卖品）：

2. 领导者讲解规则：每位组员将被分发 10 张 500 元代币券，共计 5000 元。

拍卖品	起拍价（元）	拍卖品	起拍价（元）
爱情	500	友情	500
亲情	1000	健康	1000
美貌	500	名望	500
自由	500	爱心	500
权利	1000	聪明	1000
金钱	1000	名牌大学录取通知书	500
快乐	500	长寿	500
美食	500	豪宅名车	500
良心	1000	学识	1000
孝心	1000	诚信	1000
冒险精神	1000	运气	500

这些代币券代表着每位组员一生中的时间和精力，组员可根据自己的人生追求选择拍卖品进行竞拍。竞拍时，组员每一次出价需要以 500 元为单位，价高者优先得到拍卖品，如果活动过程中有组员愿意出价 5000 元，可以直接成交。

3. 领导者向组员展示拍卖品以及分发代币券，展示时间为 3 分钟。

4. 领导者按照拍卖方式进行拍卖，直至将所有拍卖品拍卖完毕。

5. 拍卖结束后，领导者将全体成员分成 6~8 人小组，引导组员展开小组交流。

【交流分享】

1. 你竞拍到什么东西了吗？说一说你为什么要竞拍下它们。

2. 你竞拍到的东西中是否有你后悔竞拍的？为什么？

3. 你是否后悔在竞拍中参与过少？为什么？

4. 在竞拍中，你所争取到的东西是否是你最想要的？

5. 有没有组员在竞拍中没有得到物品？为什么？

6. 如果你已到了人生的尽头，你所竞拍到物品是否仍对你有意义？

【注意事项】

1. 为增强拍卖的真实性，代币券和拍卖品的制作需尽量精美。拍卖时，要维护会场纪律，严格按照拍卖流程进行活动。

2. 组员拍卖到物品时，需立即支付相应的代币券以换取拍卖品。组员手中的代币券不足拍卖品的起拍价时不得参与竞拍。

【活动扫描】

在这次拍卖会中可以看到不尽相同的价值观念，大家都选择自己认为相对重要的拍卖品以示自己的价值观。价值观的形成受到了我们成长经历的影响。通过这个活动，很多成员对自己有了更多的觉察和反思。我们不断在追求生活中的种种，甚至为了某些东西而迷失自我，什么才是生命中的最爱？什么才是对自己最重要的？生活中我们无时无刻不在做出选择，权衡利弊，追寻自我。如何使自己做出的选择对自己、对他人，甚至对社会产生积极的影响？这个活动或许可以帮助你更清楚地看清你自己。

活动五 海上救援

【活动目的】

让组员在活动体验中反思自己的价值观，并鼓励其追求生命价值。

【活动道具】 A4 白纸、中性笔若干、12 种典型人物的幻灯片、多媒体。

【活动场所】 室内。

【活动时间】 30~40 分钟。

【活动人数】 不限，人数多可分组，每组 6~8 人为宜。

【活动程序与规则】

1. 团队领导者根据参加活动的总人数将成员分成6~8人的小组，并为每组分发一张A4白纸和一支中性笔。

2. 领导者讲述故事背景和人物形象。

故事背景：茫茫大海上，一艘客船不幸遭遇海难即将沉没。海上救援队及时赶到，但由于空间有限只能带走6人。可是客船上有12个人(见下表)，作为救援队队长你将如何选择？

72岁妙手回春的医生	患绝症的小女孩	因救助他人受伤的船长
妓女	弱智男孩	青年模范工人
独臂的天才少年	腐败的国家干部	新进暴发户
企业经理	未婚孕妇	还无教学经验的老师

3. 领导者引导各小组进行讨论，并写出方案和标准。讨论流程：每位组员轮流陈述自己的观点；小组成员自由发言讨论；小组总结并达成一致意见。

4. 领导者邀请各小组代表依次展示方案并说明理由。

5. 邀请几位组员分享活动后的收获，领导者就本次活动进行总结。

【交流分享】

1. 你的小组所制定的方案是什么？有何种标准？

2. 你们小组在讨论过程中是否有分歧？是如何解决的？

3. 本次活动带给你什么样的启发和收获？

【注意事项】

1. 每个人都有自己的价值取向，领导者要引导组员的价值观朝向积极、亲社会的方向发展，对于可能出现的反社会价值观，领导者要积极干预。

2. 小组讨论时，领导者要鼓励每个组员积极发表自己的想法。

【活动扫描】

像千古难题“救落水的母亲还是妻子”一样，不存在唯一的答案。每个人的选择都体现着自己的价值观念，有的人同情弱者，选择救出老人、小孩、妇女；有人崇尚实用，选择救出医生、老师、天才少年；有人站在道德高地，放弃妓女、干部。每个人的生命都有其存在的意义和价值，尊重不同文化下的价值取向的多元性，珍惜生命、尊重生命。

活动六 绝地求生

【活动目的】

让组员反思自己的人生目标和社会价值。

【活动道具】座椅若干。

【活动场所】室内。

【活动时间】25~35 分钟。

【活动人数】不限，人数多可分组，每组 6~8 人为宜。

【活动程序与规则】

1. 团体领导者根据参加活动的总人数将成员分成 6~8 人的小组。各组成员围坐在一起，彼此之间尽量靠近。

2. 领导者讲述背景：你们是互不相识的一群游客，报了同一个旅游团。在前往景点的路途中，你们所坐的大巴车不幸发生侧翻坠落悬崖，万幸的是大巴车被突出的岩石卡住并没有坠落地面。但四下无人，大巴车也随时会坠落，你们需要自救。为了保持大巴车的平衡，每次只能有一个人爬出车厢获救。现在，请每个人依次说出自己的人生目标以及以后会对社会做出的贡献，大家根据每个人的讲述排出获救顺序。

3. 邀请几位组员分享活动后的收获，领导者就本次活动进行总结。

【交流分享】

1. 你能否分享一下自己的人生规划？

2. 在听了他人的人生规划后，是否有意向改变原有的规划？

3. 可以分享你所在小组以怎样的标准来决定获救次序的吗？

4. 本次活动带给你什么样的启发和收获？

【注意事项】

1. 为达到预期效果，领导者可以采取播放节奏紧促的音乐、拉上窗帘等方式来营造氛围。

2. 小组在安排出逃顺序时，不得贬低、攻击其他人的人生规划。阐述自己可能对社会做出的贡献时，要依据现实条件，不可过分夸大。

【活动扫描】

人生是充满未知的，就像一场快乐却艰巨的生命之旅。在这趟旅途中，有顺畅的平地，也有崎岖与不平。当生命旅途顺利时，我们应该学会珍惜生活中的每一刻；当生命旅途充满颠簸与险阻时，我们也应该调整心态，学会敬畏和尊重。

人生无常，我们活着的价值和意义就是最大限度地实现自我发展和创造更多的社会价值。活在当下，珍惜当下，在火热的青春中放飞人生梦想，在拼搏的青春中书写华彩篇章。

活动七　改变命运

【活动目的】

让组员明白生命中存在各种不完美，正视自己，接纳不完美的自己，才能遇见更好的自己。

【活动道具】50 张卡片。

【活动场所】室内。

【活动时间】30~40 分钟。

【活动人数】不限，人数多可分组，每组 6~8 人为宜。

【活动程序与规则】

1. 团队领导者制作活动所需要的卡片，并将卡片分为男生组和女生组。卡片内容可为如下任何一条：

男生组卡片	女生组卡片
1. 我从小患小儿麻痹症，饱受同学的嘲笑	1. 我因为不小心摔了一跤导致走路跛脚，被同学笑话
2. 父母离异，他们谁也不愿意要我	2. 父母离异，他们谁也不愿意要我
3. 父母下岗了，家里经济大不如前	3. 父母下岗了，整天唉声叹气
4. 我得了一种怪病，到处查也查不出来病因	4. 我得了一种怪病，到处查也查不出来病因

男生组卡片	女生组卡片
5. 父母中了500万元大奖，到处旅游，再也不管我的学习了	5. 父母中了500万元大奖，到处旅游，再也不管我的学习了
6. 爸爸出车祸被截肢，妈妈整天以泪洗面	6. 爸爸出车祸被截肢，妈妈整天以泪洗面
7. 我体重200斤，经常被人称为“胖子”	7. 我的体重严重超标——150斤，整天被人嘲笑
8. 我出生在贫困山区，家里没有一件电器	8. 我出生在一个偏僻的小县城，父母都是普通工人
9. 我目前的学习成绩很差，经常被一些同学看不起	9. 我目前的学习成绩很差，经常被一些同学看不起
10. 我是个性格懦弱的人，成天受同学欺负	10. 我是个性格懦弱的人，成天受同学欺负
11. 我在一所条件很差的学校里读高中	11. 我和奶奶生活，而奶奶是个重男轻女的人，一点都不爱我，整天给我脸色看
12. 我因为说话声音细，被同学称为“娘娘腔”	12. 我和父母在外出旅游的途中出车祸了，父母丧生，只剩我一个人孤零零地活在世上
13. 我除了学习外，没什么擅长的	13. 我在一所条件很差的学校里读高中
14. 班里女生都不喜欢我，没有女生愿意和我坐同桌	14. 我皮肤很黑，小名叫“黑妮儿”
15. 当着全班同学的面，有人陷害我偷了她的东西	15. 我脸上有块胎记，从小就不愿意见人
16. 我个头比全班的女生还矮	16. 妈妈整天在我耳边唠叨个没完，真的不想在这个家待了
17. 我出生在一个残疾人家庭，父母都是聋哑人	17. 妈妈每天放学都来学校接我，这让我感觉在同学面前很没有面子
18. 我和父母在外出旅游的途中出车祸了，父母丧生，只剩我一个人孤零零地活在世上	18. 我学习成绩很好，可是不知道怎么回事，同学们就是没人理我，我没一个朋友
19. 我经常利用寒暑假打工为自己赚取学费	19. 班里男生都不喜欢我
20 我是班里最帅的男生	20. 我被老师选为班长

男生组卡片	女生组卡片
21. 我家里非常有钱，我整天打游戏，一点都不为将来发愁	21. 我除了学习外没什么擅长的
22. 我父母都是环卫工人，正好负责学校附近的区域	22. 我家里很有钱，可是父母除了给我钱，好像再也没有什么可以给我的了
23. 我爸爸在街上摆了个修自行车的小摊	23. 妈妈跟人跑了，我在亲戚家寄人篱下
24. 我父母都是商场的成功人士，平时生意很忙，我从小一个人生活	24. 我们一家三口租住在城中村一个小房子里，生活环境很差
25. 我家里因为火灾失去了一切	25. 我是学校的校花

2. 领导者根据参加活动的总人数将成员分成6-8人的小组。

3. 请全体成员轮流抽取一张卡片。

4. 领导者说指导语：现在请大家翻开抽到的卡片。如果你的人生变成了你所抽卡片上写的一样，对比自己现在的生活状况会有什么不同？现在大家有3分钟的思考时间。

5. 领导者引导各小组进行讨论交流。

6. 邀请几位组员分享活动后的收获，领导者就本次活动进行总结。

【交流分享】

1. 你能否分享一下自己所抽到的卡片内容？如果这就是你的命运，你是否满意？为什么？

2. 生命短暂并且不可以重来，我们将如何对待自己的生命？

3. 本次活动带给你什么样的启发和收获？

【注意事项】

卡片的数量和内容可以根据参与者来更改，要注意卡片的内容不会给成员造成创伤。

【活动扫描】

我们时常会想，如果生命能够重来一回，我又会是什么样的呢？我又会过怎样的生活？有时，我们把对自己现在的不满和期盼的美好，寄托于如果生命能够重来一回。然而，生命即使能够重来一回，我们就能事事如意了吗？每个人都是独特的，有其存在的意义和价值，挖掘自己的优点和潜能，发现自己、接受自己、喜欢自己，就能产生价值感、自豪感、愉快感和满足感。每个人在外表、身材、能力、个性等方面都有一定的限制，接纳不完美的自己，努力发现自己的闪光点，才能在未来遇见更好的自己。

活动八 遗愿清单

【活动目的】

让组员思考和探索自己的生命价值，感受生命的短暂，从而更好地立足于大学，珍惜生命，努力生活。

【活动道具】 A4 白纸、中性笔若干、哀伤的音乐。

【活动场所】 室内。

【活动时间】 40~60 分钟。

【活动人数】 不限，人数多可分组，每组 6~8 人为宜。

【活动程序与规则】

1. 团队领导者根据参加活动的总人数将成员分成 6~8 人的小组，并为每位组员分发 A4 白纸和中性笔，开始播放哀伤的音乐。

2. 领导者讲述指导语：由于不可控的原因，我们现在只有 24 小时的寿命。如果我们的身体机能如常，可以自主活动和思考，你将如何来安排人生中的最后 24 小时？写下最后 24 小时自己要完成的事情，并排出先后次序。

3. 写一份 50 字以内的遗嘱。

4. 小组交流你的安排和遗嘱，并说明理由，谈一谈你在写的时候的感受，这对你以后的生活会有什么样的影响？

5. 领导者邀请几位组员分享自己的计划并谈谈本次活动的收获，领导者就本次活动进行总结。

【交流分享】

1. 分享一下自己人生最后 24 小时的规划和遗嘱。

2. 你基于什么原因做出这样的规划？请分享一下理由。

3. 本次活动带给你什么样的启发和收获？

【注意事项】

1. 在面临临终情景时，部分组员可能会出现消极情绪或抗拒情绪，领导者要时刻注意组员的情绪状态，并及时给予情绪疏导。

2. 组员在分享自己的规划和遗嘱时，其他人不得贬低或攻击组员的规划。

【活动扫描】

浮生若梦，人生几何。在人生的最后时刻，我们感慨生命是多么美好，又遗憾有太多的事情没有去做。本活动通过将组员代入临终情景，让组员明白死亡和出生都是一种自然规律，要正确地看待生离死别。人究其一生都在探求一个永恒的话题，就是人生的意义。生命是短暂的，有限的，每个人的生命只有一次，唯有努力生活才能创造出更大的价值，不负韶华，绽放光彩！

活动九 我的选择

【活动目的】

让组员认识到价值观决定着每个人的人生选择，既不应把自己的价值观强加于他人，也要理解和尊重他人的价值观。

【活动道具】无。

【活动场所】室内。

【活动时间】30~40 分钟。

【活动人数】人数不限。

【活动程序与规则】

1. 团队领导者讲述指导语：下面有几种人生价值观（见下表），请大家对每一条进行选择。表示同意的组员请站在左边，不同意的组员请站在右边。

价值清单	
1. 人活着就是为了赚更多的钱	6. 名誉和尊严比性命还要重要
2. 地位显赫令人羡慕	7. 金钱是万能的
3. 即使是为了自己国家的利益也不该发动战争	8. 随大流，即使做错了事情也可以避免严重的后果
4. 享受物欲，生命才有意义	9. 没有真诚友谊的人生是失败的
5. 做人就是要追求名利	10. 积德行善可以造福后代

2. 领导者选择1~2个两种选择人数相近的价值观，让左右两边的组员进行辩论。

3. 领导者引导组员找1~2个与自己价值观不同的组员进行辩论。尽量用自己的观点说服对方。

4. 邀请几位组员分享活动后的收获，领导者就本次活动进行总结。

【交流分享】

1. 请问你是如何说服对方的？

2. 你被对方说服的感受如何？观念的转变对你有什么影响？

3. 你们彼此之间都没有说服对方，你的感受如何？你有什么反思？

4. 本次活动带给你什么样的启发和收获？

【注意事项】

在活动开始前，领导者要向组员强调，选择仅凭自己的想法，不要受他人的影响。

【活动扫描】

受社会环境、家庭和自我意识的影响，我们每个人都有自己价值观念。通过这个活动，我们会感受到人与人在想法上的差异性。虽然大家能清晰地认识到某些观念不符合社会道德，但我们也不应该将自己认为对的观念强加于他人。要理解价值观的差异性与多样性，深刻认识自己的价值观念，以更加包容的心态去拥抱世界和他人。

活动十 智慧眼

【活动目的】

通过心理映射的方法，让组员学会正确认识自身的不足和限制，以及如何恰当对待自身的不足和限制。

【活动道具】剪刀、水彩笔、中性笔以及绘有黑点的A4白纸若干。

【活动场所】室内。

【活动时间】30~40分钟。

【活动人数】不限，人数多可分组。

【活动程序与规则】

1. 团队领导者将带有黑点的A4白纸分发给每位组员。

2. 请每位组员根据自己的喜好和方式来处理这张带有黑点的A4白纸，限时10分钟。

3. 处理完成后，由团体领导者邀请几位组员来分享个人对带有黑点的A4白纸的处理方法，并由领导者对其进行积极回馈。

4. 领导者引导组员思考："如果这张白纸代表着自己，而白纸上的黑点代表着自身的不足，那么你又将怎么去处理这张带有黑点的A4白纸？"

5. 请组员展开讨论交流，限时10分钟。讨论结束后，再由领导者邀请几位组员展示之前对于带有黑点的A4白纸的处理，以及分享"如果白纸代表着自己，黑点代表着自身的不足，又将如何处理"。

【交流分享】

1. 你看到白纸上有一个黑点的感受如何？你将如何处理这张带有黑点的A4白纸？

2. 通过交流，其他成员不同的处理方式对你有何种启发？

3. 如果这张白纸代表着自己，而白纸上的黑点代表着自身的不足，那么你又将怎么去处理这张带有黑点的A4白纸？

4. 你对于带有黑点的A4白纸的前后处理方式是否发生改变？如果没有改变处理方式，其原因是什么？如果改变了处理方式，其原因又是什么？

【注意事项】

1. 对于黑点的处理各具特色，且无关对错。领导者应引导组员由对黑点的美化处理深入到对于自身不足的认知上。

2. 在分享和反馈过程中，领导者应保护组员的独特个性和创新意识，有意识地弱化横向比较，强化引导纵向比较。

【活动扫描】

当拿到带有黑点的A4白纸后，组员们开始脑洞大开，通过裁剪、涂改以及遮盖等方式进行加工和创造。五花八门的处理方式正体现了组员独具特色的个性和创意。当得知"白纸代表着自己，黑点代表着自身的不足"时，有组员对于之前的处理方式感到满意，甚至对之前的处理进行完善；也有组员对于之前的处理方式有所不满，只有抓紧"抢救"作品。第二个问题的提出，让不少成员系统扫描了自身存在的不足，并思索如何更好地面对这些不足。"尺有所短，寸有所长"，每个人都既有长处又有弱点，要接纳自己的不完美和失败，这更有助于自我完善。不要时时刻刻抓住曾经的不完美、不愉快的事情不放，那样只会让自己产生挫败感、自责与内疚，而各种负面情绪会成为自己发展的阻力。找出自己成长中做得比较成功的事，从中寻找自己积极的心理资源；运用小步子进步的法则，让自己经常体验成功；从发展的观点来看待自己，肯定自己的进步和能力。多把注意力关注于自己的优点和成功上，评价自己时选择合理的评价参照体系，不盲目比较，充分肯定自己的价值，释放出自己生命的光芒。

参考文献

[1]樊富珉. 结构式团体辅导与咨询应用实例[M]. 北京：高等教育出版社，2017.

[2]白羽. 改变心力——团体心理训练与潜能激发[M]. 杭州：浙江文艺出版社，2008.

[3]袁章奎. 中学班级心理团体活动142——为学生创造积极的心灵成长体验[M]. 北京：中国轻工业出版社，2016.

[4]田国秀，谢莒莎. 团体心理游戏实用解析[M]. 北京：学苑出版社，2016.

[5]樊富珉，何瑾. 团体心理辅导[M]. 上海：华东师范大学出版社，2017.

[6][美]Marianne Schneider Gorey，Gerald Gorey. 团体：过程与实践[M]. 7版. 邓利，宗敏，译. 北京：高等教育出版社，2010.

[7][美]Irvin Yalom. 团体心理治疗——理论与实践[M]. 5版. 李敏，李明，译. 北京：中国轻工业出版社，2010.

[8]杨敏毅，鞠瑞利. 学校团体心理游戏教程与案例[M]. 上海：上海科学普及出版社，2007.

[9]陈琦，刘儒德. 当代教育心理学[M]. 北京：北京师范大学出版社，2019.

[10]上官郑粉，林甲针. 中学生学习心理团体辅导[M]. 北京：福建教育出版社，2017.

[11]张麒. 青少年环境适应团体训练手册[M]. 北京：北京师范大学出版社，2006.

[12]林孟平. 小组辅导与心理治疗[M]. 上海：上海教育出版社，2005.

[13]林崇德. 发展心理学[M]. 北京：人民教育出版社，2006.

[14]梁琦. 团体心理辅导对提升大学生自我接纳和人际信任的应用研究[D]. 临汾：山西师范大学，2014.

[15]张晓霞. 班级团体心理辅导对初一学生人际关系的影响研究[D]. 呼和浩特：内蒙古师范大学，2013.

[16]于雪. 团体心理辅导对高中生情绪管理的影响研究[D]. 南昌：南昌大学，2015.

[17]刘亚男. 中学生幸福感团体心理辅导实验干预研究[D]. 南昌：南昌大学，2015.

[18]黄事志. 积极心理学团体辅导对促进初一新生人际交往的干预研究[D]. 武汉：华

中师范大学，2016.
[19]王玲莉，艾春燕，张宛筑. 团体心理辅导在大学生心理健康教育中的应用探索[J]. 江苏教育，2021(08)：24-27.
[20]侯振虎，许晓芳，孙颖. 大学生的幸福感能干预吗——改善大学生主观幸福感的综合性团体心理辅导效果研究[J]. 教育学术月刊，2018(03)：69-81.
[21]王欣，李焰. 叙事取向团体心理辅导对大学生人际交往困扰的干预效果[J]. 中国学校卫生，2017，38(11)：1641-1643+1647.
[22]张锋，祝婷. 团体心理辅导对大学生时间管理的改善效果[J]. 中国心理卫生杂志，2014，28(05)：327-331.